Renate Ettl

Western Basics
Die Grundausbildung

WESTERNREITEN

Müller Rüschlikon

Einbandgestaltung: Andreas Pflaum

Titelfoto: Renate Ettl

ISBN 3-275-01273-8

1. Auflage 1998

Fotos und Grafiken: Peter und Renate Ettl
Innengestaltung: Viktor Stern
Repro, Druck und Bindung: Fotolito LONGO, I-39100 Bozen
Printed in Italy

Inhalt

Westernreiten – aber wie?

Bestimmte Richtlinien sind die Grundlage jeder Reitlehre. Damit die Ausbildungsmethode funktionieren kann, müssen diese Regeln jedoch auf die natürlichen Belange des Pferdes abgestimmt sein.

Für jedes Unterrichtsfach in der Schule oder im Beruf wird ein Lehrplan erarbeitet, nach dem der Lehrer seinen Schülern Schritt für Schritt die notwendigen Kenntnisse und Fertigkeiten beibringt, die zum Erreichen des Lernziels erforderlich sind. So erwartet man auch bei einer Reitstunde beziehungsweise der gesamten Reitausbildung ein bestimmtes Schema, nach dem man das Reiten erlernen und ein Pferd erfolgreich ausbilden kann.

Diese Erwartungen erfüllen sich in der Regel im traditionellen englischen Reitunterricht, den auch viele Westernreiter vor ihrem Umstieg auf die Westernreitweise durchlaufen haben. Doch wer sich mit dem Westernreiten befaßt, sucht vergeblich nach einer allgemeingültigen Reitlehre, obwohl Fachleute im In- und Ausland bemüht sind, eine solche zu erstellen, um die Anerkennung des Westernreitens als ernstzunehmende Sportart durchzusetzen. Damit man von einer Reitlehre sprechen kann, muß eine einheitliche Methode erarbeitet werden, nach der Reitlehrer und Pferdetrainer ausgebildet werden können. So wird eine einheitliche Ausbildungsbasis für alle geschaffen. Andererseits müssen die individuellen Bedürfnisse der einzelnen Pferde, aber auch der Reiter berücksichtigt werden. Das bedeutet, daß eine allgemeingültige Vorgehensweise nicht in jeder Situation richtig sein kann. Deshalb läßt jede vernünftige moderne Reitlehre verschiedene Lösungsmöglichkeiten offen, um zwangsmäßige, mechanische Vorgänge innerhalb der Pferde- und Reiterausbildung zu verhindern. Eine solche Reitlehre gibt einen Rahmen vor, der sich auf die verständnisvolle und faire Behandlung des Pferdes stützt, und läßt dem jeweiligen Pferd-Reiter-Paar einen großen Freiraum zur individuellen Entfaltung. Nur auf diese Weise kann die Harmonie zustande kommen, die das Ziel jeder Reitweise und jeglichen Umgangs mit dem Pferd sein sollte.

Festgelegte Richtlinien sind als »Rahmengesetze« durchaus sinnvoll. Die eigentliche Methode, die man auf einen bestimmten Reiter oder ein bestimmtes Pferd anwendet, muß aber individuell sein.

Die richtige Methode

Wie lernt mein Pferd, dem Schenkel zu weichen? Wie bringe ich meinem Pferd fliegende Galoppwechsel bei? Wie trainiere ich den *Spin*? Dies alles sind häufige Fragen von Reitschülern, die vergeblich nach der »richtigen« Methode suchen, um ihr Ausbildungsziel zu erreichen. Viele schielen dabei nach einer Trainingsform, die ihnen die Arbeit leicht macht und möglichst schnell zum Ziel führt.

Die Suche nach einer allgemeingültigen Gebrauchsanweisung führt aber häufig in eine Sackgasse, denn nicht alle Pferde sind für ein und dieselbe Methode empfänglich. Dies führt dazu, daß selbst professionelle Trainer nicht in der Lage sind, mit jedem Pferd erfolgreich zu arbeiten. Pferde, die ihre Trainingsmethode nicht verkraften, gelten schlicht als unbrauchbar. Nicht selten stellt sich später heraus, daß dasselbe Pferd in den Händen eines anderen Reiters zu überdurchschnittlichen Leistungen fähig ist. Das zeigt, daß die Leistungsfähigkeit eines Pferdes nicht allein von seinem Charakter und Gebäude abhängig ist. Eine nicht zu unterschätzende Rolle spielt dabei der Partner Mensch. Jedes Pferd bringt individuelle Voraussetzungen mit. Es gibt nun mal nervöse und ruhige, ängstliche, aber auch sture und nervenstarke Tiere, die einer unterschiedlichen Behandlung bedürfen, um letztlich dieselben Ergebnisse zu erzielen. Die Flexibilität und das geschulte Einfühlungsvermögen des Reiters sind Voraussetzungen für eine erfolgreiche Pferdeausbildung.

Es ist deshalb kaum möglich, die Ausbildung eines Pferdes exakt nach Vorschrift zu vollziehen. Es müssen sich unweigerlich verschiedene Methoden ergeben – individuell auf jedes einzelne Tier zugeschnitten. Genau darin liegt die Schwierigkeit der Pferdeausbildung. So wie es weder eine gute noch eine schlechte Reitweise, sondern nur gutes und schlechtes Reiten gibt, gibt es keine grundlegend falsche oder richtige Ausbildungsmethode für ein Pferd. Man muß die für dieses spezielle Pferd passende finden. Voraussetzung für den Erfolg ist jedoch immer, daß die grundsätzlichen Rahmenbedingungen der Ausbildungsform, der pferdegerechte Umgang mit dem Tier und seine natürlichen Bedürfnisse bei der Haltung berücksichtigt werden.

Doch nicht nur die Pferde, auch die Reiter sind verschieden. Neben der unterschiedlichen Statur, der Beweglichkeit und allgemeinen körperlichen Voraussetzungen unterscheiden wir Menschen uns auch charakterlich voneinander. Gefühlsbetont handelnde Reiter erreichen in der Regel mehr Erfolge mit sensiblen Pferden als ungeduldige Menschen, die vorzeitig resignieren. Die Wesensart, aber auch die körperlichen Voraussetzungen von Reiter und Pferd müssen sich ergänzen, um harmonisches Reiten zu ermöglichen.

Die richtige Ausbildungsmethode ist deshalb immer die, welche zu den Voraussetzungen von Reiter und Pferd paßt. Stets aber ist das gefühlsmäßige Handeln des Menschen Voraussetzung, damit er die richtige Methode für sich und sein Pferd erkennen kann.

Freizeitreiter und Profitrainer

Vielen Reitern fehlt jedoch die Erfahrung, um die verschiedenen Methoden und Ausbildungsweisen richtig einschätzen zu können. Sie kommen leicht in Versuchung, erfolgreiche Ausbildungsmethoden bekannter Trainer zu kopieren. Das kann zu einem Dilemma führen, weil die angewandte Trainingsmethode möglicherweise nicht für das eigene Pferd und/oder den Reiter selbst geeignet ist. Deshalb ist es für jeden Reiter notwendig, den eigenen Weg im Umgang mit seinem vierbeinigen Partner zu finden und das Trainingssystem dem Charakter und dem Exterieur des Pferdes, aber auch den eigenen Möglichkeiten anzupassen.

Das bedeutet nun nicht, daß man die Arbeitsweise anderer Reiter und speziell der professionellen Trainer grundsätzlich verwerfen sollte. Ganz im Gegenteil: Von anderen Reitern kann man nur lernen (sogar von deren Fehlern). Doch die Vorgehensweise in der Ausbildung

Ein guter Trainer muß in der Lage sein, sich auf den Charakter und den Typ jedes Pferdes einzustellen.

und im Training von Pferden sollte für die eigenen Belange genauestens geprüft werden. Nur wenn man das Gefühl hat, daß einem die Methode »liegt« und daß sie auch zum eigenen Pferd paßt, sollte man sie übernehmen. Bevor man handelt, muß die Methode mit Gefühl und Verstand geprüft werden – Pferde sind keine Versuchskaninchen. Fehler in der Ausbildung und im Training sind schwer zu korrigieren und gehen immer auf Kosten der Pferde.

Es ist nicht in jedem Fall ratsam, sich als Freizeitreiter einem professionellen Trainer anzuvertrauen. Manche haben kaum mehr Erfahrung und Ausbildungsfeedback als ein engagierter Freizeitreiter. Das bedeutet, daß man sich beim Titel »Profitrainer« nicht vorbehaltlos darauf verlassen kann, daß Qualität dahintersteht. Professionelle Trainer besitzen aber in der Regel größere Erfahrung bei der Arbeit mit verschiedenen Pferden. Auch durch ihre reiterliche Routine bei der täglichen, mehrstündigen Arbeit im Sattel wächst das Können fast zwangsläufig. Dennoch festigt sich beim Reiter normalerweise eine seinem Typ entsprechende Ausbildungsmethode, die bei einer Gruppe von Pferden sehr erfolgreich sein kann, bei anderen Charakteren aber eher negative Auswirkungen nach sich zieht. Da man vom Pferd jedoch nicht erwarten kann, daß es sich auf den Typ des Reiters einstellt, ist eine Anpassung des Reiters an die Wesensart des Pferdes notwendig. Dieses individuelle Einfühlen können viele Trainer nur unzureichend umsetzen, so daß sich der gewünschte Ausbildungserfolg nicht einstellt. Der Trainer muß aufgeben, und – um seinen Ruf zu schützen – bescheinigt er dem Pferd häufig Untauglichkeit.

Ein guter Trainer erkennt früh, daß Reiter und Pferd nicht zusammenpassen und klärt den Kunden darüber auf. Der Pferdebesitzer kommt nun möglicherweise zu dem Schluß, daß dem Trainer die notwendige Qualifikation zur Pferdeausbildung fehlt. Schließlich droht dem Trainer der Verlust eines zahlenden Kunden, was ihn dazu verleiten könnte, seine Erkenntnis für sich zu behalten. Diese Problematik sollte man sich immer vor Augen halten, wenn man sich einem professionellen Trainer anvertrauen will. Andererseits kann ein erfahrener Trainer wertvolle Hilfestellung geben, sowohl in der Ausbildung des Reiters als auch in der des Pferdes.

Manchmal ist jedoch ein Amateurtrainer, der sein Geld nicht vorrangig mit der Ausbildung von Pferden und dem Unterricht von Reitern verdienen muß, die bessere Wahl. Unterricht zu erteilen erfordert vom Ausbilder große Konzentration, aber auch Einfühlungsvermögen und nicht zuletzt zielgerichtetes Vorgehen. Nach mehreren Unterrichtsstunden läßt die Konzentration meist automatisch nach, und der Trainer läuft Gefahr, seinen Unterricht nach »Schema F« ablaufen zu lassen. Die Individualität ist bei der Ausbildung von Pferd und Reiter jedoch besonders wichtig. Nicht nur aus diesem Grund, sondern auch weil ein guter Amateur nicht zwingend weniger Erfahrung und Können haben muß als ein Profitrainer, muß die Wahl eines »Freizeitreitlehrers« nicht unbedingt schlechter sein.

Selbst von Reitkameraden kann man viel abschauen, sobald man gelernt hat, die verschiedenen Methoden zu hinterfragen und richtig einzuschätzen. Die Qualität eines Un-

GRUNDLAGEN UND DETAILS

Die Ausbildung eines Pferdes muß sich stets auf dessen natürliche Bedürfnisse stützen, um einen artgerechten Umgang zu ermöglichen. Jeder Ausbildungsweg muß die arttypischen Verhaltensweisen berücksichtigen, damit eine gute Grundlage in der Zusammenarbeit mit dem Pferd geschaffen wird. Die jeweiligen Details, die sich nach Typ und Charakter von Pferd und Reiter richten, ergeben sich durch gefühlsbetontes, bedachtes Training von selbst. Die in diesem Buch vorgestellte Ausbildungsmethode soll eine Basis darstellen, um möglichst vielen Pferd-Reiter-Paaren eine Hilfe zu sein. Details aber – beispielsweise die Stärke eines Schenkeldrucks in Kilogramm oder die konkrete Zeitspanne, in der ein Pferd eine Lektion begreift – können aufgrund der verschiedenen Charaktere und Typen von Reitern und Pferden niemals exakt angegeben werden. Sie ergeben sich in der Praxis durch gefühlsmäßige Beurteilung eines jeden Individuums. Hierfür sind viele Jahre der Erfahrung im Umgang mit Pferden notwendig. Manche Reiter können aber dieses Gefühl nie entwickeln. Sie sind in jedem Fall auf die Hilfe eines Lehrers angewiesen. Doch auch jeder andere kann sich nur weiter verbessern, wenn er die Unterstützung eines Trainers sucht.

terrichts oder der Pferdeausbildung läßt sich nicht danach beurteilen, ob jemand hauptberuflich oder freizeitmäßig mit Pferden arbeitet, sondern danach, wie gut er sich mit fundiertem Wissen und Können gefühlsmäßig auf das jeweilige Pferd-Reiter-Paar einstellen kann.

Grundsätzliches

Eine gesamte Reitlehre mit all ihren vorbereitenden Übungen und Ausbildungselementen ist in der Theorie von jedermann durch die Lektüre von Fachliteratur erlernbar. Doch für die Umsetzung in die Praxis und die Abstimmung des Trainings auf ein bestimmtes Pferd muß gefühlsmäßig und situationsbedingt vorgegangen werden. Somit ist ein erfahrener Lehrer unumgänglich, um das erworbene Wissen in Können zu übertragen.

Die Theorie muß allerdings mit der richtigen Einstellung aufgenommen werden, damit sie in der Praxis erfolgreich eingesetzt werden kann. Da die Ausbildungsrichtlinien immer nach einem bestimmten Schema erstellt worden sind, erscheinen sie starr und mechanisch. Erst in der Praxis können die Regeln durch Einfühlungsvermögen und eine liebevolle Einstellung zum Tier lebendig, elastisch und sanft umgesetzt werden.

Bei jeder Ausbildungsmethode gilt deshalb der Grundsatz, daß die Umsetzung in die Praxis immer von Gefühl, Verstand und Tierliebe geprägt sein muß. Sonst kann selbst die beste Reitlehre und Ausbildungsmethode zum Martyrium für die Pferde werden.

Jeder Pferdebesitzer ist dafür verantwortlich, daß sein Tier artgerecht behandelt und gehalten wird.

Der Umgang mit dem Pferd

Ein Pferd empfindet wie der Mensch Schmerzen, Unbehagen, aber auch Freude und Zufriedenheit. Dieser Aspekt muß bei der Ausbildung berücksichtigt werden; man kann ihn außerdem nutzen, indem man dem Pferd den gewünschten Weg erleichtert und eine falsche Reaktion unbequem macht.

Damit das Pferd artgerecht leben kann, mussen seine natürlichen Bedürfnisse berücksichtigt werden. Der Pferdebesitzer muß das Wesen und die Sprache des Pferdes kennen- und verstehen lernen. Erst dann sind die Voraussetzungen für eine artgemäße Behandlung geschaffen.

Das elementarste Kennzeichen der Pferde ist ihr Flucht- und Herdenverhalten. Diese Verhaltensweisen sind so tief im Erbmaterial verankert, daß ein Ausmerzen durch züchterische Eingriffe unmöglich erscheint. Das Flucht- und Herdenverhalten ist die Basis für die meisten anderen Reaktionen. Hierzu gehört beispielsweise das Scheuen. Der Scheureflex ist notwendig, um die Fluchtreaktion auszulösen. Auch viele andere Reaktionen, vor allem die sogenannten »Untugenden« wie Durchgehen oder Kleben, sind auf diese natürlichen Verhaltensweisen zurückzuführen.

Wenn man das Wesen des Pferdes kennt, kann man sich die meisten Reaktionen des Tieres erklären. Damit beginnt man die Sprache des Pferdes zu verstehen. Dies ist die Voraussetzung für die Kommunikation mit dem Pferd, auf der die gesamte Ausbildung der Westernreitweise basiert. Findet keine Kommunikation zwischen Pferd und Reiter statt, kann der Mensch das Tier nicht ausbilden, sondern es lediglich zu bestimmten Verhaltensweisen oder Manövern zwingen. Beim Umgang mit dem Pferd soll stets eine möglichst zwanglose Ausbildung angestrebt werden. Obwohl der Einsatz von Zwangsmitteln manchmal unerläßlich ist, damit die Autorität des Menschen nicht untergraben wird oder um gewisse zum Wohl des Pferdes notwendige Dinge durchzusetzen, dürfen Zwangsmittel in der Pferdeausbildung jedoch keinesfalls standardisiert werden. Sie würden die Kommunikation verhindern und das gerne als »Partner« bezeichnete Pferd zum »Sklaven« degradieren.

Mit dem Verständnis für die natürlichen Bedürfnisse des Pferdes vereinfacht sich der Umgang mit dem Tier automatisch. Das Pferd stellt keine großen Ansprüche und ordnet sich (als Herdentier) gerne dem Menschen unter. Es genügt dem Tier, seine arttypischen Verhaltensweisen auszuleben, damit es sich wohl fühlt und zufrieden ist. Das natürlich gehaltene Pferd verhält sich dem Menschen gegenüber ruhig und ausgeglichen. Somit ist es bereit, die Wünsche des Reiters jederzeit möglichst zufriedenstellend zu erfüllen.

Nun genügt aber die Bereitstellung eines artgerechten Stalls mit großzügigem Auslauf und Pferdegesellschaft nicht, um alle naturgegebenen Grundbedürfnisse abzudecken. Auch Pferde können Alltagssorgen plagen, sie können irgendwelche Wehwehchen haben oder schlecht gelaunt sein. Das Wetter kann ihr Wohlbefinden ebenso beeinflussen wie Zänkereien mit Artgenossen oder ein hungriger Magen. An diesem Punkt müssen die Umsicht und das Einfühlungsvermögen des Menschen ansetzen, um die negativen Ursachen aufzuspüren und auszuschalten. Hier beginnt die Kommunikation mit dem Pferd, die jeglichen Umgang mit ihm bestimmt. Nur auf dieser Basis kann auch eine sinnvolle Ausbildung erfolgen.

Horsemanship

Den artgerechten und auf den Typ des Pferdes abgestimmten Umgang nennt der Westernreiter Horsemanship. Dieses Wort spiegelt nicht nur die Behandlung des Tieres, sondern auch die innere Einstellung zum Pferd wider. Das Pferd soll Freund und Partner sein und nicht als Sportgerät benutzt werden.

Die praktische Umsetzung dieser inneren Einstellung erfordert verschiedene Eigenschaften, die sich der Reiter häufig erst mühsam aneignen muß. Zunächst einmal muß man richtig beobachten können. Pferde teilen sich hauptsächlich durch Körpersprache mit. Um Stimmungen und Absichten der Tiere zu erkennen, ist eine gute Beobachtungsgabe Voraussetzung. Diese wiederum erfordert viel Geduld und das Vermögen, sich in das Pferd hineinzuversetzen. Auf diese Weise ist es möglich, die beobachteten Signale korrekt einzuschätzen.

Ein ruhiger, aber konsequenter Umgang mit dem Pferd garantiert unter anderem die Alpha-Position des Menschen gegenüber dem Tier. Man muß Sicherheit und Souveränität ausstrahlen, denn nur einem in dieser Hinsicht starken Leittier folgen die rangniedrigeren Pferde. Nimmt der Mensch die Position des Leittieres ein, kann er das Pferd ohne Zwang führen, lenken und schließlich auch reiten.

Weitere Prinzipien der Horsemanship sind Vertrauen, Disziplin und Gehorsam. Vertrauen darf nicht nur vom Pferd allein erwartet werden, sondern muß stets auf Gegenseitigkeit beruhen. Einseitiges Vertrauen ist niemals beständig. Allerdings darf man Vertrauen nicht mit Leichtsinn verwechseln. Ein Pferd im Gelände ohne zwingenden Grund nach *Ground tying*-Manier abzustellen, im Vertrauen darauf, daß das Tier schon stehenbleiben wird, ist purer Leichtsinn. Diese Übung sollte nur im umzäunten Bereich praktiziert werden. Für das Pferd macht es keinen Unterschied, ob der Bereich eingezäunt ist oder nicht: Seine Reaktion bleibt die gleiche. Die Folgen für den Reiter kann man sich ausmalen ...

Eine gute Vertrauensübung ist schon die Art der Hilfengebung (siehe auch Seite 37). Das Funktionieren der signalartigen Hilfengebung basiert auf Vertrauen und Gehorsam. Gehorcht das Pferd nicht, weil es dem Reiter nicht vertraut und Angst hat, daß etwas Unangenehmes folgt, wenn es der Hilfe entsprechend reagiert, ist die Hilfengebung nicht praktikabel. Der Reiter müßte zu einer Zwangsmaßnahme greifen, um seine Forderungen dennoch durchsetzen. Doch Zwangsmittel aufgrund von fehlendem Vertrauen erhöhen die Angst, verstärken das Mißtrauen und führen zu immer größeren Schwierigkeiten.

Vertrauen kann man vom Pferd allerdings erst dann erwarten, wenn man dem Tier selbst Vertrauen entgegenbringt. Man muß dem Pferd zunächst zeigen und vorleben, wor-

Eine artgerechte Haltung mit Auslauf und Pferdegesellschaft berücksichtigt das natürliche Flucht- und Herdenverhalten der Pferde.

Der ruhige und konsequente Umgang mit dem Pferd garantiert die Alpha-Stellung des Menschen und ist Voraussetzung für den Ausbildungserfolg.

auf man hinauswill. Das Vertrauen des Pferdes muß man sich verdienen, man kann es weder erkaufen noch voraussetzen.

Die Horsemanship gründet außerdem auf Tugenden wie Geduld, Selbstbeherrschung, Disziplin, Verantwortungsbewußtsein, Konsequenz, Einfühlungsvermögen, Ruhe, Rücksicht und Konzentration. Es sind positive Charaktereigenschaften, die sowohl im Umgang mit Tieren als auch mit Menschen wichtig sind. Das Pferd ist das Spiegelbild der Menschenseele, sagt man. Ein Reiter, der bei einem Fehler seines Pferdes die Geduld verliert und unbeherrscht auf das Tier einschlägt, wird über kurz oder lang Probleme mit seinem Pferd bekommen, das ihm kein Vertrauen mehr entgegenbringen und sich gegen jegliche Hilfen und Forderungen des Reiters wehren wird.

Wenn ein Reiter jedoch durch sein souveränes Auftreten Sicherheit und Ruhe vermittelt, wird sich ein erschrecktes, ängstliches Pferd bald

DER WAHRE FREUND DES PFERDES

Grundvoraussetzung für die Umsetzung der Tugenden der Horsemanship in die Praxis ist die Liebe zum Pferd. Der wahre Pferdefreund akzeptiert den Vierbeiner als Lebewesen mit eigenen arttypischen Verhaltensweisen und Bedürfnissen. Er bemüht sich stets, seine Horsemanship zu verbessern und zu vervollkommnen, um die ersehnte Harmonie mit seinem Pferd zu erreichen.

müht sind, diese möglichst rein zu betreiben.

Typisch für den kalifornischen Stil sind geschlossene Zügel *(Romal reins)*, die in einer Zügelverlängerung auslaufen, welche in der freien Hand gehalten wird. Als Gebisse werden vornehmlich schwere, langschenklige Stangengebisse verwendet, die oft reich mit Silber verziert sind. Der Sattel ist mit runden *Skirts*, einem hochgezogenen *Cantle* und einer hohen, schmalen *Fork* ausgestattet. Hierdurch sitzt der Reiter tief und fest im Sattel. Der kalifornische Reiter bevorzugt Fransenchaps, die lediglich bis zu den Knien herabreichen, und lange Lederstiefel, die über den Jeans getragen werden. Seine Sporen, aber auch alle anderen Ausrüstungsgegenstände sowie seine Kleidung sind oft kunstvoll verziert. Der Reiter präsentiert sich in stolzer Manier.

Bei der Ausbildung ist die längerfristige Schulung des Pferdes in der klassischen *Bosal-Hackamore* typisch. Sie erstreckt sich über ein ganzes Jahr, wonach auf eine Doppelzäumung – *Hackamore* plus Stangengebiß – übergegangen wird. Das Pferd wird während dieser Phase mit vier Zügeln geritten, später wird diese Zäumung durch die reine Stangenzäumung mit einhändiger Zügelführung abgelöst. Die Pferde werden im kalifornischen Stil stärker versammelt und mit Aufrichtung geritten. Die Ausbildung ähnelt stärker der klassischen Dressur im barocken Stil.

Im texanischen Stil kennt man keine geschlossenen Zügel, sondern die offenen *Split reins*, die zunächst über Kreuz mit beiden Händen und beim vollständig ausgebildeten Pferd schließlich einhändig gehalten werden. Die Grundausbildung durchläuft das Pferd unter Verwendung einer dünnen Wassertrense, die später von einem kurzschenkligen Stangengebiß abgelöst wird. Die Stangenzäumung im Texasstil ist durch die kürzeren Anzüge milder und in der Ausführung schlichter gehalten. Das Mundstück ist in der Regel leicht geschwungen, also mit einer ausreichenden Zungenfreiheit versehen. Stangen, die im *California Style* verwendet werden, sind häufig mit zusätzlichen Löffeln oder Spielern ausgestattet.

Der texanische Sattel zeichnet sich durch eckige *Skirts* aus, ist im Sitz etwas flacher, und das *Cantle* ist mit einem sogenannten *Cheyenne Roll* ausgestattet. Ausgeprägtere *Swells* zu beiden Seiten des Horns geben dem Reiter zusätzlichen Halt in Extremsituationen. Der Reiter bevorzugt lange, über die Stiefel reichende Chaps. Auch die Jeans trägt er über die Stiefel gezogen. Die gesamte Ausrüstung und Kleidung ist schlichter, weil praxisorientierter.

Die Ausbildung des Pferdes basiert auf dessen Gebrauch in der Rinderarbeit. Dabei verzichtet man auf eine stärkere Versammlung und Aufrichtung. Das Pferd geht flach und läßt den Reiter somit über weite Strecken weich sitzen. Die Ausbildung des texanischen Gebrauchspferdes beinhaltete ursprünglich keine Biegung des Pferdes. Mit geradem Körper wirbelte es auf der Hinterhand herum, den langgestreckten Hals als Balancierstange benutzend.

Die heutige Turnierausbildung der Westernpferde stützt sich stärker auf den texanischen Stil, obwohl ein gewisser Grad an Versammlung notwendig ist, um schwierige Manöver korrekt ausführen zu können. Auch die Biegung des Pferdekörpers ist mittlerweile fester Bestandteil der westernmäßigen Ausbildung, um eine entsprechende Balance und Gymnastizierung zu erreichen, die im Turniersport unerläßlich sind. Eine Aufrichtung, wie sie im kalifornischen Stil üblich ist, ist im Turniersport nicht erwünscht.

Die Reitlehre

In der heutigen Westernreiterei vermischen sich die Elemente des kalifornischen und des texanischen Reitstils sowohl in Ausrüstungsfragen als auch in trainingstechnischen Dingen. Doch selbst die englische Reitweise hat – wenn auch unbeabsichtigt – einen Einfluß auf die heutige Form des Westernreitens. Verschiedene Ausbildungsmethoden haben sich etabliert, eine allgemeine Ausbildungsform ist deshalb schwer zu definieren. Sicherlich gibt es allgemeingültige Regeln, die sich aus dem Umgang mit Pferden auf der Grundlage ihres natürlichen Verhaltens und Wesens ergeben, doch auch die individuellen Ansprüche eines Tieres müssen immer berücksichtigt werden. Dies ist notwendig, um jedes Pferd seiner Veranlagung entsprechend zu fördern und einen fairen und freundschaftlichen Kontakt aufzubauen. Es kann daher keine allgemeingültige Reitlehre geben, die bis ins kleinste Detail ausgearbeitet ist. Es existieren lediglich Richtlinien, an denen sich der Reiter orientieren kann. Den eigentlichen Weg zur fruchtbaren Zusammenarbeit mit dem Pferd muß jeder selbst finden.

Jede bestehende Reitlehre stellt nur ein »technisches Gerüst« dar, um die ungefähre Richtung einer Ausbildung vorzugeben. Das Gefühl für die richtige Anwendung einer Technik kann nur vom Ausbilder selbst eingebracht werden. Und so ist auch die Ausbildungsweise in diesem Buch zu verstehen. Sie soll einen Rahmen vorgeben, und sie soll Stütze und Hilfe sein, um den richtigen Weg zur echten Partnerschaft zwischen Reiter und Pferd zu finden.

ÜBER DIE GÜLTIGKEIT VON REITLEHREN

Keine Reitlehre kann für sich in Anspruch nehmen, alleingültig für die Ausbildung von Pferden in einer bestimmten Reitweise zu sein. Viel zu unterschiedlich sind die Voraussetzungen von Reitern und Pferden sowie die individuellen Ansprüche und Charaktere. Man kann sich bei der Art und Weise der Ausbildung an einer Reitlehre oder Trainingsmethode orientieren, aber man sollte niemals versuchen, sie hundertprozentig exakt anzuwenden. Rein mechanische Anweisungen führen stets in eine Sackgasse. Ohne Einfühlungsvermögen, Individualität, Geduld und Flexibilität des Ausbilders kommt keine Reitlehre aus.

Die Trainings-philosophie

Nur wer Pferde in ihrer Art versteht, ist in der Lage, die Technik einer Reitweise mit dem eigenen Gefühl zu kombinieren und somit in jeder Situation angemessen auf das Tier einzuwirken.

Für die Lernfähigkeit eines Pferdes ist es wichtig, in welchem Verhältnis Reiter und Pferd zueinander stehen. Im Prinzip ist der Reiter stets der Trainer und Lehrer seines Pferdes, weil er das Tier durch gezielte Einwirkungen formen kann. Ein Trainer muß jedoch bestimmte Eigenschaften mitbringen, um seinem Pferd die notwendigen Kenntnisse und Fähigkeiten vermitteln zu können. Unter den Menschen ist ein Lehrer-Schüler-Verhältnis in der Regel unproblematisch, weil eine gemeinsame Sprache die Kommunikation vereinfacht. Das Pferd jedoch muß bestimmte Ausdrücke der menschlichen Sprache erlernen, um zu verstehen, was von ihm gefordert wird. Viel einfacher wäre es für das Pferd, wenn sich sein Lehrer in der ihm bekannten Sprache mitteilen würde, weil damit das Verständnis von Anfang an vorhanden wäre. Darum ist es sinnvoll und für ein gutes Training unumgänglich, die Sprache der Pferde zu erlernen, bevor man ein Pferd in die Schule nimmt. Die Ausgangsbasis jeglicher Ausbildung ist eine gemeinsame Kommunikationsebene.

Das Fundament

Um die Pferdesprache, das Wesen und den Charakter der Tiere kennenzulernen, muß der Reiter zunächst selbst »in die Schule gehen«. Und wer könnte ein besserer Lehrer sein als das Pferd selbst? Viele große Reiter rühmen ihre Lehrmeister und betonen, wieviel sie ihnen doch zu verdanken hätten. Niemals aber vergessen sie in diesem Zusammenhang zu erwähnen, daß trotz allem die Pferde ihre besten Lehrer gewesen seien.

Ein Widerspruch? Durchaus nicht. Zwar besitzt der Lehrende grundsätzlich mehr Wissen, Können und Erfahrung, doch nur der Schüler kann ihm sagen, auf welche Weise ihm dieses Wissen und Können vermittelt werden kann. Wenn es dem Lehrer gelingt, auf die individuellen Ansprüche des Schülers einzugehen, kann die Wissensvermittlung erfolgreich sein. Vorgefertigte Schemata (Reitlehren) können als Rahmen einer Ausbildung dienen, die Individualität und Flexibilität in der Anwendung einer Reitlehre bringen aber letztlich den Erfolg.

Schritt für Schritt

Die Ausbildung eines Pferdes – aber auch eines Reiters – kann man sich wie den Bau eines Hauses vorstellen. Zunächst muß das Fundament betoniert werden, damit das Bauwerk sicher steht. Ist der Untergrund weich oder bröckelig, droht das Haus einzustürzen. Je höher man das Gebäude errichtet, desto wackeliger wird es, und die Einsturzgefahr steigt. Die Mauern können noch so stabil erbaut werden, das Haus wird immer einsturzgefährdet sein, wenn das Fundament nicht fest genug ist. Deshalb muß von Anfang an sauber gearbeitet werden, um eine gute Grundlage zu schaffen.

Vergleichbar mit diesem Prinzip ist die Reiter- und Pferdeausbildung. Die Grundausbildung stellt das Fundament jeglichen Trainings dar. Darauf kann man aufbauen und dann höhere Ziele erreichen. Es ist für ein Pferd nicht möglich, einen fliegenden Galoppwechsel oder einen *Spin* zu erlernen, wenn es die hierfür notwendigen Basisübungen nicht beherrscht. Manche Pferde – sogenannte Naturwechsler – springen zwar von sich aus in den anderen Galopp, wenn der Reiter die Richtung wechselt, doch dann ist es dem Reiter nicht möglich, sein Pferd vollständig zu kontrollieren. Er kann keinen Außengalopp (beispielsweise zum Zwecke der Gymnastizierung) fordern oder den exakten Wechselpunkt bestimmen. Das Pferd soll jedoch hundertprozentig unter der Kontrolle des Reiters stehen, was auch bedeutet, daß der Reiter die Art des Galopps bestimmen können muß.

Wenn das Pferd nicht gelernt hat, dem seitwärtstreibenden Schenkel zu weichen und seine Hinterhand unter den Körper zu schieben, wird ein exakter Galoppwechsel nicht möglich sein. Erfolgte Wechsel basieren dann auf Zufall oder sogar auf einer ungenügenden Gymnastizierung des Pferdes. Auf einem Rechtszirkel ist dem Pferd der Linksgalopp unangenehm – dies um so mehr, je steifer und weniger gymnastiziert ein Pferd ist. Durchgymnastizierte Pferde hingegen fühlen sich auch im Außengalopp wohl. Daraus läßt sich schließen, daß Naturwechsler immer unzuverlässiger wechseln, je weiter sie in der Ausbildung und Gymnastizierung fortschreiten. Deshalb sollte man dafür sorgen, daß die Basisausbildung auch bei Naturtalenten nicht vernachlässigt wird. Eine ungenügende Grundlagenarbeit rächt sich im fortgeschrittenen Training immer.

Gerade bei Naturtalenten läuft man Gefahr, in der Ausbildung zu schnell fortzufahren. Funktioniert der fliegende Galoppwechsel, sparen sich viele Reiter die Vorarbeit hierzu. Später wundert man sich dann, wenn plötzlich Probleme auftauchen und der Galoppwechsel nicht mehr klappt.

Ganz gleich, welche Voraussetzungen ein Pferd mitbringt, die Ausbildung muß immer Schritt für Schritt vollzogen werden. Bei einem talentierten Pferd kann man jedoch schneller vorgehen, wenn es die Lektionen rasch begreift oder durch ein vorteilhaftes Gebäude mit weniger gymnastizierenden Elementen auskommt. Trotzdem kann sich der Trainer die Grundlagen nicht sparen und muß stets den ersten Schritt vor dem zweiten tun.

Viele Reiter sind zu ungeduldig, um die Basisübungen vollständig zu erarbeiten, bevor sie zu den aufbauenden Lektionen übergehen. Doch eine gute Grundausbildung ist der Garant dafür, daß die Aufbauarbeit leichter und somit schneller vonstatten gehen kann. Eine wacklige Grundlage hingegen, die durch oberflächliches und eiliges Training entstanden ist, bremst die weitere Ausbildung bis hin zum Stillstand ab. Die gesamte Ausbildung kann auf diese Weise nur unzureichend erfolgen: Das Ziel wird niemals erreicht werden.

Der Umgang mit Fehlern

»Wer arbeitet, macht auch Fehler«, so lautet eine Redewendung, die jederzeit auf die Pferdeausbildung übertragbar ist. Auch beim täglichen Umgang mit dem Pferd ist man vor falschen Handlungen und unangemessenen Reaktionen nicht gefeit.

Ohne eine gute Grundlagenarbeit sind gelungene Manöver lediglich Zufallsprodukte. Seitengänge sind beispielsweise die Voraussetzung für korrekte Galoppwechsel.

GEDULD IST OBERSTES GEBOT

Ungeduld ist in der Pferdeausbildung der schlechteste Begleiter. Sie verführt den Trainer nicht nur dazu, das Pferd ungerechtfertigt zu strafen oder seinen Willen mit Zwangsmaßnahmen durchzusetzen, sondern ist auch fast immer die Ursache, wenn das Grundlagentraining zu früh abgeschlossen und zu schnell zum Aufbautraining übergegangen wird. Lücken in der Basisausbildung bringen die fortführende Arbeit über kurz oder lang zum Stillstand.

Die positive Einstellung ist bei der Arbeit und im Umgang mit dem Pferd entscheidend für den Erfolg. Somit muß man auch Fehlern positive Seiten abgewinnen können. Das beste an Fehlern ist, daß man aus ihnen lernen kann. Oftmals sind Mißerfolge bessere Lehrmittel als gute Erlebnisse in der Ausbildung. Fehler können somit helfen, den richtigen Weg zu finden.

Der Reiter muß immer bereit sein, seine Handlungsweise in »gut« oder »schlecht« einzustufen beziehungsweise von einem Lehrer einstufen zu lassen. Manche Menschen wollen oder können eigene Fehler nicht zugeben, sie deklarieren ihre

Es ist keine Schande, Fehler zu machen. Irrtümer und Mißverständnisse sind vielmehr dazu da, daß man sie korrigiert und aus ihnen lernt: Hier verwirft sich das Pferd aufgrund einer falschen Zügeleinwirkung im Genick.

Theorie und Praxis sind eng miteinander verbunden. Vor dem Können steht das Wissen, das man sich zum Beispiel durch die Lektüre von Fachbüchern aneignen kann.

wünschte Reaktion nicht einstellte? War der Schenkeldruck nicht effektiv genug? War der Druck zu stark, zu schwach, oder erfolgte er an der falschen Stelle? Diese Fragen muß sich nun der Reiter selbst beantworten, weil in der Theorie niemals alle möglichen Fälle und Reaktionen beleuchtet werden können. Die obigen Beispiele lassen sich beliebig ergänzen: Vielleicht fängt das Pferd ja auch zu buckeln an, schüttelt den Kopf oder versucht gar, den Reiter zu beißen. Wer weiß das schon?

Die Ursachenforschung, weshalb ein Pferd nicht wie gewünscht (beziehungsweise wie beschrieben) reagiert, ist Sache des Reiters. Er muß über die Gründe nachdenken, die Ursache herausfinden und schließlich den Fehler korrigieren. Dies ist der Unterschied zwischen Theorie und Praxis. Über das theoretische Wissen ist dem Reiter das Ziel bekannt, er muß nur noch den Weg hierzu finden. Die Theorie kann ihn dabei unterstützen, doch die richtige Lösung ist immer im Kopf des Reiters zu finden. Reiten heißt also denken – nachdenken über die Abläufe und Zusammenhänge zwischen den Einwirkungen des Reiters und den Reaktionen des Pferdes. Nur über den Denkprozeß

ENTSCHEIDEND IST DAS GEFÜHL DES REITERS

Gefühl kann man weder messen noch greifen noch sehen. In der Theorie läßt sich deshalb mit Gefühl schlecht arbeiten. Es ist immer relativ, wenn von einem »gefühlvoll eingesetzten Schenkeldruck« die Rede ist. Man kann diesen Druck nicht in Kilogramm ausdrücken, weil er eben – von Pferd zu Pferd und von Situation zu Situation – variabel ist. Gefühlsmäßig eben. Bei einem sensiblen Pferd wird der Schenkeldruck milder ausfallen als bei einem vielleicht schon abgestumpften Tier. Der Druck muß jeweils so stark wie nötig, andererseits aber so schwach wie möglich sein. Über die tatsächliche Intensität entscheidet in der Praxis immer das Gefühl des Reiters.

entsteht das Gefühl für die korrekte Vorgehensweise in allen Situationen.

Denkprozesse erfordern immense Konzentration und stetige Aufmerksamkeit des Reiters. Reiten ist demnach mit viel geistiger Arbeit verbunden. Dafür bleibt dem Reiter die körperliche Arbeit erspart, denn ein wohlüberlegter, dosierter Schenkeldruck ist effektiver als viele kraftraubende, an falscher Stelle eingesetzte und damit sinnlose Treibversuche. Reiten darf niemals in einen Kraftsport ausarten, sondern muß von Denkarbeit geprägt sein.

Zusammenhänge begreifen

Als Reiter ist man immer auf der Suche nach dem richtigen Weg, um ein bestimmtes Ziel zu erreichen. Diese Wege können unterschiedlich sein, weil die Voraussetzungen von Reitern und Pferden niemals dieselben sind. Eine Rolle spielen dabei nicht

Pferd und Reiter müssen sich in Charakter, Typ und Temperament ergänzen, damit ein harmonisches Reiter-Pferd-Paar aus ihnen wird.

Das Pferd lernt die Bedeutung der verschiedensten Signale schon bei der Arbeit vom Boden aus kennen.

nach 23stündiger Boxenruhe unter dem Reiter buckeln oder zu zackeln beginnen. Als Dauerfresser haben Pferde fast immer Hunger und nutzen auch während des Ausritts jede Gelegenheit, an einen frischen Grashalm zu kommen – wenn der Reiter sie läßt. Das alles sind natürliche Reaktionen des Pferdes, die weder auf Boshaftigkeit noch auf Unwillen beruhen.

Dennoch bedeutet die Akzeptanz dieser Eigenschaften nicht, daß das Pferd während eines Ausrittes an jedem Strauch naschen oder sich unter dem Sattel nach Herzenslust austoben darf. Schon aus Sicherheitsgründen verbieten sich derartige Zugeständnisse. Vielmehr ist der Pferdebesitzer verpflichtet, dem Tier ein möglichst artgerechtes Zuhause zu bieten, wo es seine arttypischen Verhaltensweisen ausleben kann. Hierzu gehören die wohldosierte, mehrmalige Fütterung am Tag, entsprechende Bewegungsmöglichkeiten und der Kontakt zu Artgenossen. Je naturnaher ein Pferd gehalten wird, desto ausgeglichener wird es sich im Umgang mit dem Menschen geben.

Ein in Gruppenauslaufhaltung lebendes Pferd wird sich auch nach einer mehrwöchigen Reitpause unter dem Reiter ausgewogen verhalten. Nicht einmal der heißblütige Araber benötigt die tägliche Arbeit unter dem Sattel, wenn er auf der

Weide oder im Auslauf genügend Möglichkeiten hat, seinem Bewegungsdrang nachzukommen.

Beim Umgang mit dem Pferd und bei dessen Ausbildung muß man die natürlichen Bedürfnisse des Tieres stets berücksichtigen, um eine harmonische Zusammenarbeit zu erreichen. Nur so kann die Umsetzung der Ausbildungsgrundsätze erfolgreich sein.

Das Prinzip der Hilfengebung

Aufgrund seiner natürlichen Verhaltensweisen weicht das Pferd sowohl einem psychischen als auch einem physischen Druck aus, wenn dieser von einem ranghöheren Artgenossen aufgebaut wird. Bei der Hilfengebung macht man sich den Effekt dieses Verhaltens zunutze. Das Pferd soll dem Schenkel- oder Zügeldruck ausweichen. Voraussetzung hierfür ist jedoch, daß das Pferd den Menschen als ranghöheres Herdenmitglied akzeptiert und respektiert. Den notwendigen Respekt erreicht man allerdings nicht durch Grobheiten und Schläge, sondern durch Konsequenz, Disziplin, Verständnis, Vertrauen und Geduld. Ebenso erfolglos wie mit ungerechtfertigter Härte wird man mit Verhätschelung des Tieres, Nachlässigkeit und Vermenschlichung sein. Das Pferd dehnt seine Freiheiten immer so weit aus, wie der Mensch es zuläßt. Dem Pferd müssen klare Grenzen gesetzt werden. Inkonsequenz und Nachlässigkeit verwi-

Um eine feine Kommunikation mit dem Pferd zu erreichen, muß der Reiter seine Hilfen zum richtigen Zeitpunkt, korrekt dosiert und sensibel einsetzen.

schen diese Grenzen – das Pferd weiß letztlich nicht mehr, was von ihm erwartet wird. Nur auf der Basis von Konsequenz und Disziplin kann ein Ausbildungskonzept erfolgreich umgesetzt werden.

Sind Vertrauen und Respekt des Pferdes gegenüber dem Reiter aufgebaut, wird es jedem Schenkel- oder Zügeldruck willig nachgeben. Damit ist es für das Tier nicht mehr schwierig, die Hilfengebung zu verstehen und korrekt darauf zu reagieren. Eine wunschgemäße Reaktion setzt aber den richtigen Einsatz der Hilfen voraus.

Beim Westernreiten ist man bestrebt, mit möglichst wenig Aufwand möglichst viel zu erreichen. Ein einziger Schenkeldruck soll ausreichen, damit ein Pferd angaloppiert. Zudem soll das Pferd die einmal gewählte Gangart ohne weitere Aufforderung selbständig unterhalten. Das Tier erhält vom Reiter nur Signale oder Zeichen, um die entsprechende Gangart aufzunehmen. Darum spricht man beim Westernreiten auch von einer Signalreitweise. Der Reiter hat verschiedene Möglichkeiten, seinem Pferd etwas mitzuteilen. Es gibt akustische und mechanische Hilfen. Das Pferd lernt die Bedeutung der unterschiedlichen Signale über die Körpersprache bei der Bodenarbeit kennen (siehe Seite 56). So reichen im Prinzip bestimmte verbale Kommandos aus, um ein Pferd traben, galoppieren, stoppen oder wenden zu lassen.

Wozu dienen dann Schenkel- und Zügelhilfen? Wie der Name schon sagt, sollen sie dem Pferd helfen, die Wünsche des Reiters in die Tat umzusetzen. Es handelt sich also um unterstützende und begleitende Maßnahmen, um das Geforderte auszuführen. Zügel- und Schenkelhilfen unterstützen das Pferd dabei, seinen Körper in die korrekte Position zu bringen, um eine Aufgabe fehlerfrei bewältigen zu können.

Ob Schenkel, Zügel, Gewicht oder Hilfszügel – alle Maßnahmen, mit denen ein Pferd in seinen Bewegungen beeinflußt wird, sind als Unterstützung eines Manövers, nicht aber als Zwangsmittel gedacht.

Die meisten – vor allem die mechanischen – Hilfen können aber in ihrer Stärke bis hin zur Strafe gesteigert und damit zu Zwangsmitteln

VON NATUR AUS GEFÜGIG

Das Pferd ordnet sich als Herdentier einem Ranghöheren in der Regel gerne unter und läßt sich führen. Diesen Umstand nutzt man aus, um ein Pferd zu kontrollieren. Dazu braucht man weder Gewalt noch irgendwelche Tricks. Faires Verhalten und die Berücksichtigung der natürlichen Bedürfnisse sind ausreichend, um ein Pferd zur willigen Mitarbeit zu bewegen. Es ist nicht notwendig, ein Pferd gewaltsam zu unterwerfen oder ihm mit Zwangsmaßnahmen den reiterlichen Willen aufzudrängen.

werden. Bei verbalen Kommandos ist ein Zwang ausgeschlossen, obwohl durchaus Abstufungen durch die Lautstärke und den Tonfall möglich sind. Die Stimme ist demnach die feinste und einfachste Hilfe, und ihr wird in der Westernausbildung sehr viel Bedeutung beigemessen.

Alle mechanisch einwirkenden Hilfen, auf die man vor allem in der weiterführenden Ausbildung nicht verzichten kann, können sehr variabel eingesetzt werden. Die Schenkel beispielsweise können leicht angelegt werden, ständig klopfen oder einen anfänglich sanften und immer stärker werdenden Druck ausüben. Man kann den Schenkel weiter vorne oder weiter hinten am Pferdekörper einsetzen, so daß auch die Druckstelle je nach Bedarf gewählt werden kann.

Der Reiter muß lernen, der Situation entsprechend einen sinnvollen Druck auf das Pferd auszuüben, um die Hilfe effektiv zu geben. Durch ständig klopfende Schenkel stumpft das Pferd ab. Wenn das Tier der Aufforderung des Schenkels Folge leistet und das Klopfen nicht eingestellt wird, erhält das Pferd keine Belohnung beziehungsweise Bestätigung für seine richtige Reaktion. Das Training kann aber nur erfolgreich sein, wenn das Tier für eine korrekte Reaktion belohnt wird. Prinzipiell muß jeglicher Druck sofort aufhören, sobald das Pferd in der gewünschten Weise reagiert. Fällt der Druck weg, wird dem Pferd klar, daß es richtig gehandelt hat.

Die Stärke des jeweiligen Drucks richtet sich in erster Linie nach der Sensibilität des Pferdes. Grundsätzlich gilt: so stark wie nötig, aber so sanft wie möglich. Auf übermäßigen und zu lang andauernden Schenkeldruck stumpft im Laufe der Zeit jedes Pferd ab. Wird der Druck jedoch lediglich kurz und prägnant eingesetzt, erreicht man eine Sensibilisierung gegenüber den Hilfen.

Vor allem bei jungen und lernenden Pferden hat es sich bewährt, mit »wachsenden« Hilfen zu arbeiten. Dabei beginnt man mit einer sanften Berührung und steigert den Druck langsam, bis das Pferd in der gewünschten Weise reagiert. Nach kurzer Zeit genügt eine leichte Berührung, um die entsprechende Reaktion hervorzurufen.

Für eine erfolgreiche Kommunikation ist nicht nur die richtig dosierte Stärke einer Hilfe ausschlaggebend, sondern auch der korrekte Zeitpunkt. Kein Pferd kann einem Schenkeldruck weichen, wenn das entsprechende Bein am Boden steht, um das Körpergewicht zu stützen. Es kann den Huf nur dann zur Seite oder nach vorne nehmen und damit dem Schenkeldruck weichen, wenn das entsprechende Bein gerade abgefußt hat. Der Druck muß demnach immer dann einsetzen, wenn das Pferd darauf reagieren kann, also wenn es das jeweilige Bein vom Boden abgehoben hat. Ganz besonders ist dies beim Seitwärts-/Vorwärtsreiten zu beachten. Nur durch diesen effektiven Einsatz kann eine Sensibilisierung der Hilfen hergestellt werden.

Das Prinzip des Schenkeldrucks ist auch auf die Zügelhilfe übertragbar. Die Zügeleinwirkung löst im Maul des Pferdes (oder je nach Zäumungsart auch auf der Nase, am Kinn beziehungsweise im Genick) einen Druck aus, dem das Tier weichen soll.

WENN DAS PFERD GEGENDRUCK AUFBAUT

Unzureichend ausgebildete und überforderte Pferde wehren sich gegen die Hilfen des Reiters, indem sie einem Schenkel- oder Zügeldruck nicht nachgeben, sondern dagegendrücken. Mögliche Ursachen sind unzureichender Respekt des Pferdes, aber auch verschiedene Reiterfehler. Konsequente Anwendung der Formeln »Richtige Reaktion = Belohnung (sofortiges Lösen des Drucks)« sowie »Gegendruck löst stärkeren Druck aus« bringen meist den gewünschten Erfolg. Die gesamte Ausbildung und somit auch die Hilfengebung stützt sich dabei auf das Prinzip: richtiger Weg = angenehm (Druck läßt nach), falscher Weg = unangenehm (Druck wird verstärkt).

Technik und Gefühl

Die Technik einer Reitweise muß immer mit dem Gefühl des Reiters kombiniert werden, um den Bedürfnissen des Pferdes gerecht zu werden. Jede Reitlehre wird somit relativiert, weil auf den Charakter des Pferdes, aber auch auf dessen Erfahrungen und Ausbildungsstand eingegangen werden muß. Wenn die Reitlehre besagt, daß bei Verweigerung die Verstärkung einer Hilfe angebracht ist, darf dies nicht uneingeschränkt gelten. Nur wenn das Tier mutwillig den Gehorsam verweigert, darf der Druck über die jeweilige Hilfe verstärkt werden. Verweigert das Pferd jedoch aus Angst oder Unsicherheit, ängstigt man das Tier beispielsweise durch einen stärkeren Schenkeldruck noch mehr. Die jeweilige Situation bestimmt in Kombination mit der Berücksichtigung der Individualität des Pferdes die korrekte Handlungsweise.

So muß das eine Pferd bei der Weigerung, eine Holzbrücke zu überqueren, getadelt, ein anderes hingegen beruhigt und ermutigt werden. Der Reiter selbst muß erkennen, wann sein Pferd gelobt und wann es unter Druck gesetzt werden muß. Grundsätzlich darf ein Pferd nur äußerst selten gestraft werden, während das Lob ein ständiger Begleiter auf dem Ausbildungsweg sein sollte. Prinzipiell ist eine Strafe angebracht, wenn das Tier *mutwillig* seinen Gehorsam verweigert und sich gegenüber dem Menschen respektlos und widersetzlich verhält. Um sich selbst keiner Gefahr auszusetzen, muß der Reiter das Pferd in die Schranken weisen. Die Grenzen müssen dem Tier klar und deutlich aufgezeigt werden, denn der Umgang mit einem außer Kontrolle geratenen Pferd ist äußerst gefährlich.

Die Intensität einer Strafe muß ebenso fein abgestimmt werden wie die Druckstärke einer Schenkelhilfe. So manches sensible Pferd empfindet schon ein lautes Wort als Strafe, während sich ein anderes sogar über einen kräftigen Gertenhieb amüsiert. Manche Pferde ärgern sich maßlos darüber, wenn der Reiter auf ihre Flegeleien nicht eingeht.

Um sich selbst keiner Gefahr auszusetzen, ist es notwendig, das Pferd konsequent in die Schranken zu weisen, wenn es – wie in diesem Fall – den Gehorsam verweigert.

Die meisten Ungezogenheiten basieren auf Rangordnungskämpfen. Manche Pferde versuchen immer wieder, dem Menschen den Rang streitig zu machen, andere hingegen lassen sich schon beim erstenmal überzeugen und akzeptieren den höheren Rang des Menschen ein Leben lang. Startet das Pferd wieder einmal einen Versuch, darf man keinesfalls nachgeben, man kann die Herausforderung aber ignorieren: Der Kampf findet nicht statt und die Rangfolge bleibt bestehen. Dies ist oftmals besser als häufige Strafen.

Ignoranz eines Fehlverhaltens ist auch dann angebracht, wenn man nicht feststellen kann, ob das Pferd vorsätzlich oder aus Angst den Gehorsam verweigert. Scheut es beispielsweise vor einem vorbeifahrenden Lastwagen, ist der Grund hierfür meistens Angst. Eine Strafe ist in diesem Fall vollkommen ungerechtfertigt. Sicherlich ist ein Lob hier auch nicht angebracht, weil das Verhalten des Pferdes keineswegs wünschenswert war. Man korrigiert das Tier und ignoriert ansonsten das Fehlverhalten. Dabei bleibt man ruhig und gelassen, und bald wird auch das Pferd erkennen, daß ein Lkw nichts Aufregendes ist.

Manchmal hilft es, wenn man beruhigend auf das Tier einspricht. Gewitzte Pferde nutzen dieses Verhalten des Reiters aber schamlos aus, indem sie jede Gelegenheit wahrnehmen, vor irgend etwas zu erschrecken, um sich vom Reiter eine Streicheleinheit oder ein Lob zu holen. Pferde sind also durchaus in der Lage, den Menschen auszutricksen und ihm auf der Nase herumzutanzen.

Andererseits gibt es auch Pferde, denen ein solches Verhalten fremd ist. Sie akzeptieren den Menschen ohne viel Gegenwehr und lassen sich – wenn es sein muß – auch regelrecht versklaven. Dabei handelt es sich häufig um Tiere, die geistig und/oder körperlich eingebrochen wurden. Sie haben durch brutale Gewalt den eigenen Willen, aber auch das Vertrauen zum Menschen verloren. Diesen Pferden kann man nur mit viel Geduld wieder zu mehr Selbstvertrauen verhelfen.

Dem Westernreiter sind Pferde am liebsten, die sich einerseits gerne unterordnen, andererseits aber ein gesundes Selbstbewußtsein an den Tag legen. Wenn der Vierbeiner seinem Reiter in allen Lebenslagen vertraut und Interesse an der Arbeit unter dem Sattel zeigt, hat man die besten Voraussetzungen für eine angenehme Beziehung.

Falls die Beziehung zum Pferd noch nicht ganz gefestigt ist und der Reiter das Tier noch nicht einschätzen kann, ist es immer besser, die unerwünschten Reaktionen eines Pferdes zu ignorieren, bevor man das Tier ungerechtfertigt straft. Auch durch unangebrachtes Lob kann die Beziehung unter Umständen leiden. In zweifelhaften Situationen begnügt man sich am besten damit, das Pferd zu korrigieren und nicht weiter auf eine unverständliche Reaktion einzugehen.

In den wenigsten Fällen handelt das Pferd vorsätzlich. In der Regel handelt es sich bei unerwünschtem Verhalten um tatsächliche Fehler, die aus Versehen oder aus Unwissenheit zustande kommen. Keiner ist vor fehlerhaften Reaktionen gefeit, und so müssen auch dem Pferd

Fehler zugestanden werden. Sie dürfen unter keinen Umständen bestraft werden, wenn sie versehentlich begangen werden. In diesem Fall ist eine Korrektur der einzig richtige Weg.

DIE VERHALTENSRICHTLINIEN DES REITERS

- Loben Sie jede wünschenswerte Reaktion.
- Strafen Sie Fehlverhalten nur, wenn es eindeutig vorsätzlich erfolgt und sowohl Korrektur als auch Ignorieren nicht mehr ausreichen.
- Korrigieren Sie jeden »echten« Fehler.
- Ignorieren Sie jede Verhaltensweise, die nicht konkret einstufbar ist.

Die Grundausbildung

Eine gute Vorbereitung beim pferdegerechten Umgang und bei der Ausbildung am Boden ist die Basis für das problemlose Anreiten und das weiterführende Training unter dem Sattel.

Die Ausbildung eines Pferdes beginnt am Tag seiner Geburt. Es lernt den Menschen als Partner kennen, vor dem es keine Angst haben muß, den es aber respektieren soll. Schon das Fohlen muß sich vom Menschen kontrollieren lassen, um einerseits Gefahrenquellen für das Pferd auszuschalten und andererseits ein harmonisches Miteinander von Mensch und Tier zu gewährleisten.

So sollten alle Pferde die grundlegenden Lernschritte durchlaufen, zu denen die Halfterführigkeit oder das Hufegeben gehören. Das Leben in der Welt des Menschen erfordert weit mehr als die natürliche Pferdeschule, in der das Fohlen lediglich die Lektionen im Umgang mit Artgenossen lernen muß. Will man das Pferd für die eigenen Belange als Reit- oder Fahrtier nutzen, sind frühe Lernschritte dringend ratsam, um das Fohlen möglichst schonend auf seine späteren Aufgaben vorzubereiten.

Diese frühkindliche Erziehung sollte möglichst schon diszipliniertes Verhalten und die Akzeptanz des Menschen als Herdenboß einbeziehen. Danach ist die Schulung und Ausbildung zu einem willigen und sicheren Reitpferd nicht mehr schwierig. Wurde diese Erziehung im Fohlenalter versäumt, wird man es später im Umgang mit dem Tier schwerer haben. Die grundlegende Ausbildung muß dann mühsam nachgeholt werden. Mühsam deshalb, weil man dem Tier bereits gefestigte, unerwünschte Verhaltensweisen zunächst wieder abgewöhnen muß. Die verspätete Ausbildung bedeutet nichts anderes als eine Korrektur, die mühevoll ist und länger dauert als die Schulung eines rohen Pferdes.

Die Fohlenerziehung ist relativ einfach, weil sich das junge Tier noch gut formen läßt. Ein konsequenter Umgang reicht in der Regel aus, um ihm gute Manieren beizubringen. Lernt es außerdem schon als Fohlen an der Seite seiner Mutter Gefahren im Gelände, Hängerfahren, flatternde Planen und ähnliches kennen, sieht das Tier all das später als normal an. Das Fohlen lernt spielerisch und leicht, während ein älteres Pferd nur mit großer Mühe und viel Geduld an solche Dinge gewöhnt werden kann.

Ob Dressurpferd, Fahrpferd, Freizeitpferd oder Westernpferd – die Fohlenerziehung ist immer die gleiche. Auch Kinder lernen in der Schule Mathematik und Biologie – gleichgültig, ob sie später Arzt, Bäcker oder Automechaniker werden. Die Ausbildung teilt sich erst später in verschiedene Bereiche auf, der Grundstock für jede Ausbildungsart ist aber derselbe und muß so früh wie möglich gelegt werden.

Das richtige Handwerkszeug

Bevor man mit der Ausbildung des Pferdes in der Westernreitweise beginnen kann, muß man die erforderlichen Voraussetzungen schaffen. Hierzu gehört zunächst die richtige Ausrüstung.

Jeder Ausrüstungsgegenstand sollte als Hilfe zur Verständigung verstanden werden, niemals jedoch als Mittel, das Pferd zu einer Reaktion oder einer bestimmten Körperhaltung zu zwingen. Obwohl der Markt mit Ausrüstungsgegenständen regelrecht überflutet ist, sollte man nur wenig, dafür aber sinnvolles Equipment wählen. Oft ist ein einfacher Strick wirkungsvoller als eine komplizierte Zäumung.

Für die Bodenarbeit

Bevor die Arbeit unter dem Sattel beginnt, muß das Pferd vom Boden aus auf seine spätere Aufgabe vorbereitet werden. Hierzu wird zunächst ein stabiles, aber weiches (unterlegtes) Stallhalfter benötigt. Beim Stallhalfter muß man darauf achten, daß es die richtige Größe hat. Es darf weder zu eng noch zu weit sein. Ein zu enges Halfter ist dem Pferd unangenehm und kann auch Druckstellen am Kopf verursachen. Sitzt das Halfter dagegen zu locker, rutscht es zu stark, und der Reiter hat somit keine genaue Einwirkungsmöglichkeit beim Führen des Pferdes. Wird das Tier mit dem Halfter auf die Weide entlassen, kann es gar mit dem Huf im Halfter hängenbleiben, wenn es sich am Kopf kratzen möchte. Um diese Gefahr gänzlich auszuschalten, sollte das Pferd auf der Weide, im Auslauf oder Stall kein Halfter tragen. Gut erzogene Pferde lassen sich auch ohne Halfter gut einfangen und sogar an der Mähne oder mit einem einfachen Strick um den Hals führen, wenn es die Situation erfordert.

Für die ersten Arbeitsstunden im Round pen oder Reitplatz ist ein Führstrick mit zusätzlicher, etwa 70 Zentimeter langer Kette sinnvoll. Eine 120 Zentimeter lange Dressurgerte hilft dem Ausbilder, quasi als verlängerter Arm, auf das gesamte Pferd einzuwirken.

Für die weiterführende Bodenarbeit sind eine Longe und ein gut passender Kappzaum nützlich. Ausbinder sind für die Longenarbeit nicht notwendig, später kann man gegebenenfalls auf die Zügel zurückgreifen. Eine Longierpeitsche ist ebenfalls hilfreich, wenn im Round pen oder an der Longe gearbeitet wird.

Zäumungen und Gebisse

Das Angebot an Zäumungen und Gebissen ist nahezu unüberschaubar. Das erleichtert dem Reiter nicht gerade die Wahl, erhöht aber die Chance, das richtige Gebiß für das eigene Pferd zu finden.

Meist muß man mehrere Gebißarten ausprobieren, um die passende Zäumung für ein bestimmtes Pferd zu finden, doch letztlich kommen nur wenige Varianten für den Dauergebrauch zum Einsatz. Es handelt sich dabei um Zäumungen und Gebisse, die dem Tier von der Größe, der Art, dem Material und der Wirkungsweise her angenehm sind und auf die es sensibel und willig reagiert.

Die Beurteilung, welches Gebiß passend ist, muß dem erfahrenen Reiter vorbehalten bleiben, weil nur er erkennen kann, ob das Pferd mit einer Zäumung zufrieden ist. Mittelmäßige und schlechte Reiter hingegen schätzen dies oft falsch ein, weil die Reaktionen des Pferdes in der Regel nicht auf das Gebiß, sondern primär auf die Reiterhand zurückzuführen sind. Wenn das Tier aufgrund eines zu starken Zügelzugs den Kopf hochwirft, bedeutet dies noch lange nicht, daß es das Gebiß nicht mag. Vielmehr versucht es, der harten Zügelhand auszuweichen.

Es gibt drei unterschiedliche Kategorien von Zäumungen und Gebissen, wobei jeder Reiter minde-

Das Fohlen lernt an der Seite seiner Mutter bereits viele Gefahren und Aufgaben kennen, die später auf es zukommen können.

stens eine Zäumung jeder Kategorie in seiner Sattelkammer haben sollte. Bei den drei Arten handelt es sich um Trensengebisse, Stangengebisse und gebißlose Zäumungen. Die Unterteilung in drei Gruppen ergibt sich hauptsächlich aus den erheblich voneinander abweichenden Wirkungsweisen dieser Zäumungsarten. Mit jeder einzelnen Variante kann man ganz bestimmte Ausbildungsziele erreichen. Innerhalb dieser Gruppen gibt es aber dennoch viele Unterschiede, was die Form, das Material, aber auch die Wirkungsweise betrifft. Aus diesem Grund ist es unbedingt erforderlich, die Wirkungsweisen der einzelnen Zäumungen zu kennen. Dies ist auch die Voraussetzung für die richtige Handhabung.

Trensengebisse oder *Snaffle bits* sind Mundstücke, mit denen der Reiter direkt auf das Pferdemaul Einfluß nimmt. Dieselbe Kraft, mit der der Reiter am Zügel zieht, kommt auch im Pferdemaul an. Dabei können Trensengebisse einfach gebrochen, doppelt gebrochen oder ungebrochen sein. Die Mundstücks-

Druckpunkt am Pferdekopf bei Zäumung auf Snaffle bit

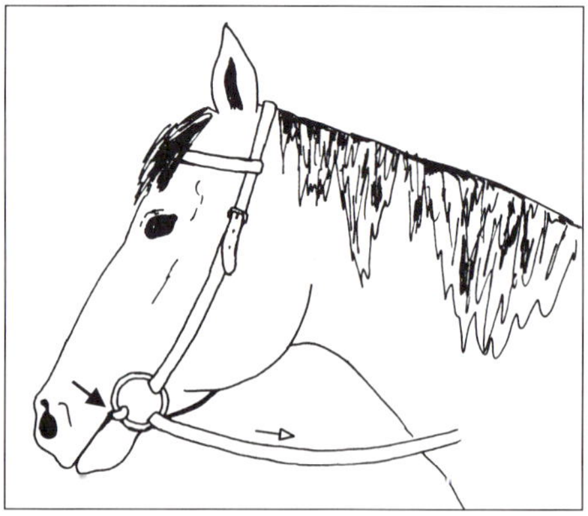

Eine über die Nase verschnallte Führkette und eine 120 Zentimeter lange Gerte sind für die Arbeit am Boden sinnvoll.

Mit einem Snaffle bit hat der Reiter direkten Einfluß auf das Pferdemaul.

ausführung ist mitunter entscheidend für die Wirkungsweise im Pferdemaul. Die am häufigsten verwendeten einfach gebrochenen *Snaffle bits* zwängen bei beidseitigem Zügelzug die Laden des Pferdes ein, das Gelenkstück drückt dabei möglicherweise sogar gegen den Gaumen. Dieser sogenannte Nußknackereffekt fällt bei den doppelt gebrochenen Trensen weg, so daß diese im Vergleich milder wirken und sich für die Ausbildung von Jungpferden, aber auch für den Dauergebrauch besonders gut eignen. Bei allen gebrochenen Trensengebissen kann ein einseitiger Druck auf die Laden exakt dosiert werden, was für die Basisausbildung sehr wichtig ist (insbesondere bei der direkten Biegung, siehe Seite 97). Die ungebrochenen Trensengebisse werden seltener verwendet,

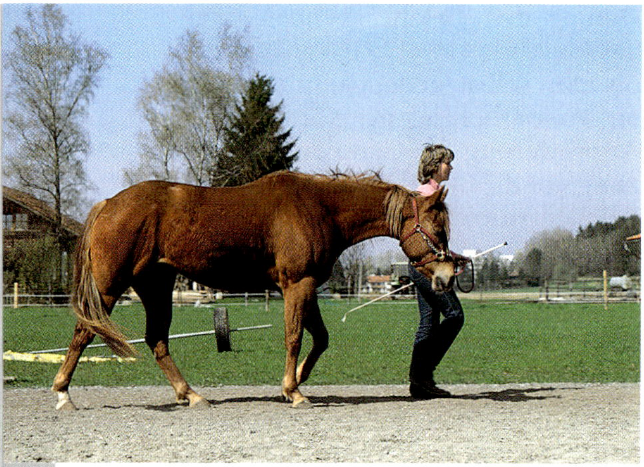

Das Pferd hat gelernt, nicht mehr auf die Körpersprache des Menschen zu reagieren, sondern allein auf das stimmliche Kommando hin stehenzubleiben.

schon am Boden beibringen, wie es auf den seitwärtstreibenden Schenkel reagieren soll.

Physischem Druck weichen

Die folgenden Übungen sind dafür gedacht, die stimmlichen Kommandos nun bereits teilweise in Schenkelhilfen umzuwandeln und dem Pferd die seitwärtstreibende Hilfe verständlich zu machen.

Grundsätzlich weicht das Pferd jeglichem Druck aus, vorausgesetzt, daß dieser Druck von einem ranghöheren Wesen aufgebaut worden ist. Versucht sich ein rangniedrigeres Pferd vorzudrängen, wird der Ranghöhere dem Druck entgegengehen und seinerseits Druck ausüben. Der Schwächere muß schließlich weichen. Die Rangfolge zwischen Mensch und Pferd sollte unmißverständlich klar sein, so daß das Pferd einem Druck, den der Reiter ausübt, nachgibt. Trotzdem wird es zunächst versuchen, sich dem Druck entgegenzustemmen. Mit viel Geduld, Konsequenz und der richtigen Technik kann der Reiter sein Pferd dazu bringen, auf die leiseste Berührung zu weichen.

Man stellt sich auf Höhe der Sattellage neben das Pferd. Nun drückt man mit einem Finger deutlich gegen seine Seite, an der Stelle, an der später der seitwärtstreibende Schenkel angelegt wird. Drückt das Tier dagegen, verstärkt sich der punktuelle Druck durch den Finger. Weicht das Pferd wunschgemäß aus, wird der Druck – als Belohnung – sofort gelöst. Bei dieser Übung soll das Pferd lediglich seitlich wegtreten. Versucht das Tier, vorwärts zu stürmen, wird es durch den Führstrick, den der Reiter in der anderen Hand hält, gebremst.

Schon nach kurzer Zeit wird das Pferd bereits aufgrund einer leichten Berührung weichen. Schließlich sollte das Pferd auf seitlichen Druck, zwei bis drei Handbreit hinter der Gurtlage, mit der Hinterhand herumtreten, während es auf Druck an

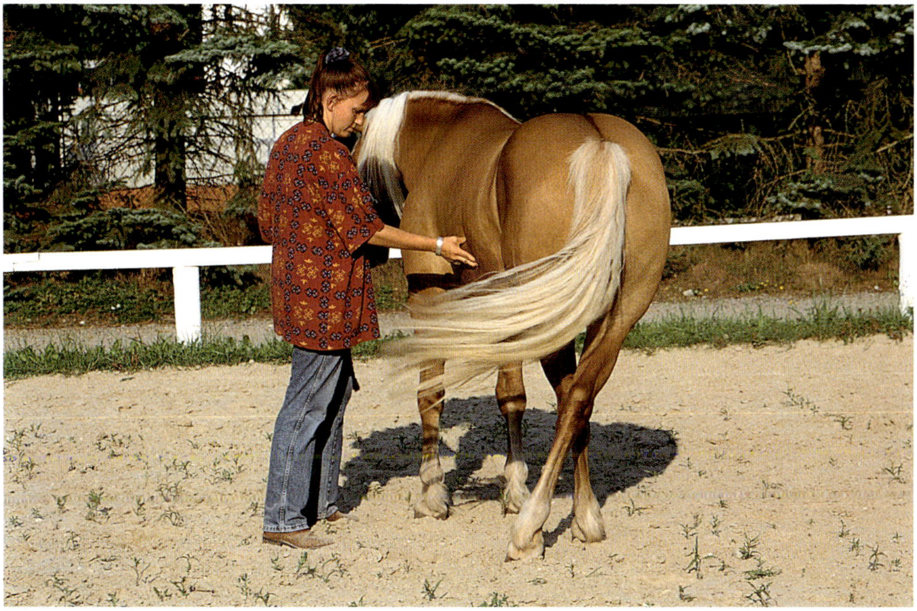

Der Haflinger reagiert auf den Druck der Hand, indem er mit der Hinterhand ausweicht. Durch diese Übung wird er darauf vorbereitet, schließlich auch auf den Druck des Schenkels zu reagieren.

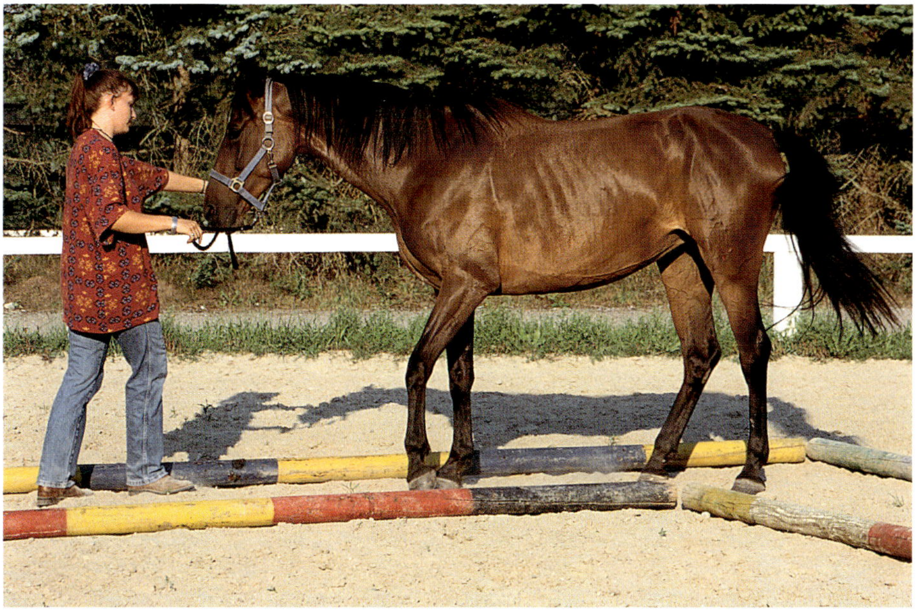

Viele Basisübungen, die das Pferd später unter dem Sattel bewältigen soll, können schon vom Boden aus durchgeführt werden – zum Beispiel das Lenken des Pferdes durch ein Stangen-L.

der Schulter oder am Hals mit der Vorhand weicht. Unter gleichzeitiger Einwirkung mit der Gerte an der Flanke und der Hand an der Schulter oder am Hals, sollte es dem Pferd nun bereits möglich sein, seitwärts zu treten. Um einer Einseitigkeit vorzubeugen, werden diese Übungen auch von der anderen Seite aus durchgeführt. Das Lenken des Pferdes in einem Stangenlabyrinth stellt eine weitere Übung dar, wobei es vorwärts, seitwärts und rückwärts geführt wird.

Viele Basisaufgaben, die das Pferd in Zukunft unter dem Sattel ausführen soll, lassen sich schon vom Boden aus üben. Man kann das Tier rückwärts durch ein Stangen-L dirigieren oder seitwärts über eine Stange treten lassen. Der Vierbeiner lernt durch diese Ausbildung nicht nur die Kommandos und Hilfen kennen, die später auch vom Sattel aus angewandt werden, sondern auch sein Körper wird bereits für die späteren Manöver unter dem Sattel gymnastiziert.

Ziele des Longentrainings

Die Gymnastizierung des Pferdekörpers ist ein vorrangiges Ziel des Trainings an der Longe. Zudem sollen die Muskeln – speziell die Rückenmuskulatur – gestärkt werden, damit das Pferd den Reiter tragen kann, ohne Schaden zu nehmen. Das Longieren eines Pferdes trägt in besonderem Maße auch dazu bei, daß sich das Tier ausbalanciert und daß es sein Gleichgewicht findet.

Longieren bietet sich nicht nur für junge Pferde an, um sie auf die Arbeit unter dem Sattel vorzubereiten, sondern ist auch für ältere, gerittene Pferde eine feine Sache. Leider ist vielen Reitern nicht bekannt, welche Ausbildungsziele damit erreicht werden können, geschweige denn, auf welchen Wegen. Die Technik des Longierens beschränkt sich keineswegs darauf, ein Pferd im Kreis herumlaufen zu lassen. Um ein gutes Longentraining aufzubauen, müssen die Ziele, die man beim Longieren erreichen möchte, klar sein.

Der Aspekt des Muskelaufbaus ist zunächst vor allem für das junge Pferd ein wichtiger Faktor. Durch das Longentraining will man in erster Linie die Muskulatur der Hinterhand, des Rückens und des oberen Halsbereichs stärken, damit die zusätzliche Belastung durch den Reiter keine frühzeitigen Verschleißerscheinungen hervorruft. Um den Muskelaufbau zu gewährleisten, muß das Pferd jedoch die dazu benötigten Muskeln anspannen. Dies geschieht, wenn das Tier in einer bestimmten Haltung läuft. Ein weggedrückter Rücken und ein hochgenommener Kopf fördern die Ausbildung der Unterhalsmuskulatur, nicht aber die der Oberhals- und Rückenmuskeln.

Bevor das sinnvolle Longentraining begonnen werden kann, muß das junge Tier lernen, auf einer Kreisbahn um den Ausbilder herumzulaufen. Anfangs ist ein Helfer praktisch, der das Pferd auf der äußeren Seite führt, bis das Tier begriffen hat, daß es an der straffen Longe auf der Zirkellinie bleiben soll. Steht kein Helfer zur Verfügung, beginnt man mit dem Führstrick und einer langen Gerte. Kennt das Pferd die Stimmkommandos vom Führtraining her, hat der Ausbilder keine Probleme, das Tier antreten zu lassen. Die Gerte kann gegebenenfalls unterstützend einwirken. Begreift das Pferd, daß es im Kreis gehen soll, tauscht man die Führleine mit der Longe und die Gerte mit der Longierpeitsche aus. Langsam vergrößert man den Radius des Kreises, bis die ganze Länge der Longe ausgeschöpft ist. Auf der rechten Seite gibt es anfangs meist mehr Probleme, weil der Vierbeiner das Führen von der linken Seite gewohnt ist. Die Führarbeit von der rechten Seite aus ist deshalb eine sinnvolle Vorbereitung.

Dic cigentliche Arbeit beginnt erst, wenn das Pferd auf einem zwölf bis 16 Meter großen Radius läuft. Zuvor läßt man das Tier nur im Schritt gehen, weil eine höhere Gangart auf einer zu kleinen Kreislinie vor allem bei noch jungen Pferden zu Überbelastungen der Sehnen und Bänder führt. Junge Pferde werden deshalb auf möglichst großen Radien gearbeitet, während man bei bereits geschulten Tieren durch kleinere Kreise eine stärkere Biegung und somit eine bessere Gymnastizierung erreicht.

Die Biegung und Gymnastizierung ist die Vorstufe zum Muskelaufbau und zur Findung der Balance. Erstes Ziel ist deshalb, das Pferd auf die Kreislinie einzuspuren – das Pferd soll sich der Zirkellinie entsprechend biegen (siehe auch Seite 144). Für das Pferd ist es zunächst einfacher, den Kopf nach außen zu nehmen und sein Gewicht über die innere Schulter zu schieben. Damit fällt es vom Kreisbogen nach innen und läuft nicht im Gleichgewicht. Der Ausbilder muß deshalb darauf achten, daß der Kopf des Tieres stets nach innen zeigt. Dies gewährleisten leichte Impulse mit der Longe. Kommt das Pferd aufgrund dessen auf den Longenführer zu, treibt dieser die Schulter des Pferdes mit der Peitsche nach außen. Dazu führt man den Peitschenstiel direkt zur Schulter des Pferdes, damit das Tier diese nach außen drückt und die notwendige Biegung erreicht.

Die Peitsche muß deutlich zur Schulter – nicht auf die Hinterhand! – zeigen, denn die Kruppe muß ebenfalls hereingenommen werden, damit das Pferd in korrekter Biegung geht.

Treibt man die Kruppe nach außen, stellt sich das Pferd gerade und driftet erst recht von der Kreislinie ab. Solche Pferde springen später an der Longe häufig im Außengalopp an. Folgende Gründe können hierfür verantwortlich sein: Das Tier stellt sich aufgrund der unangenehmen (übermäßigen) Biegung gerade, die Peitsche treibt die Hinterhand von der Zirkellinie nach außen, oder das Pferd hat grundsätzlich Angst vor der Peitsche und weicht deshalb mit der Kruppe aus.

Manchmal kann die Arbeit mit der Doppellonge eine Besserung bringen, weil das Pferd durch die zweite Longe nach außen begrenzt wird. Der Umgang mit der Doppellonge erfordert aber großes Geschick und viel Erfahrung.

Hat das Pferd beidseitig eine zufriedenstellende Biegung erreicht, ohne daß der Longenführer noch deutlich einwirken muß, hat das Tier die Balance gefunden und kann unter den Sattel genommen werden. Dennoch sollte das Training an der Longe weitergeführt werden, weil der Muskelaufbau noch längst nicht abgeschlossen ist.

Kurzzeitig kann man Split reins als wechselseitig wirkende Ausbindezügel verwenden, um dem Pferd den Weg in die Tiefe (Entspannungshaltung) zu zeigen. Achtung: Die Zügel müssen so befestigt werden, daß das Pferd nicht mit den Hufen hineintreten kann!

Die weiterführende Arbeit besteht nun aus dem Verlängern der Tritte (nicht Beschleunigung), um vermehrten Schwung aus der Hinterhand zu entwickeln. Damit bringt man das Gewicht verstärkt auf die Hinterhand, der Rücken wölbt sich auf, und der Kopf gibt im Genick nach: Das Pferd kann sich selbst tragen und geht in natürlicher Versammlung.

Das gesamte Training sollte man nach Möglichkeit ohne jegliche Hilfszügel oder Ausbinder absolvieren. Man kann für bestimmte Trainingsabschnitte – zum besseren Verständnis und als Erleichterung für das Pferd – Ausbinder verwenden. Allerdings sollte man sie niemals bei zu jungen Pferden und dauerhaft, sondern nur kurzzeitig einsetzen. Starre Anbinder dürfen nie beidseitig verwendet werden, weil sich das Pferd zu schnell auf das Gebiß legt und damit auf die Vorhand fällt. Vielmehr setzt man starre Ausbinder höchstens auf einer Seite ein, ansonsten verwendet man wechselseitig wirkende Ausbindezügel. Hierzu nimmt man einfache *Split reins*, die wie gewöhnlich in den Trensenringen eingeschnallt, zwischen den Vorderbeinen durchgezogen, links und rechts des Pferdekörpers zum Rücken hochgeführt und dort miteinander verknotet werden.

Ein so ausgebundenes Pferd kann sich jederzeit vorwärts-abwärts strecken (Entspannungshaltung) und den Kopf nach beiden Seiten wenden. Nur Hochnehmen des Kopfes (und Wegdrücken des Rückens) ist nicht möglich. Durch die Aktion der Vorderbeine gibt sich das Pferd selbst einen wechselseiti-

Die Arbeit im Round pen fördert das Finden der Balance, die Gymnastizierung, den Muskelaufbau sowie die Entwicklung der Gänge und festigt das Vertrauen zum Ausbilder.

gen Impuls im Maul, wodurch es dem Tier unmöglich wird, sich aufs Gebiß zu legen.

Bei dieser Ausbindemethode ist aber größte Vorsicht geboten. Sind die Zügel zu lang verschnallt, besteht die Gefahr, daß das Pferd in die Zügel tritt, sobald es den Kopf zum Boden senkt. Werden die Ausbinder zu kurz verschnallt, ergibt sich eine riegelnde Wirkung im Pferdemaul, durch die das Tier im Maul abstumpft und dazu veranlaßt wird, sich hinter dem Zügel zu verstecken.

LONGENTRAINING UND ROUND-PEN-ARBEIT

Bei der Arbeit an der Longe steuert man in der Regel dieselben Ziele an wie beim Training im Round pen. Beide Ausbildungsmethoden haben Vor- und Nachteile, so daß sich ihre Kombination als gute Lösung anbietet. Trotzdem kann man auch mit einer Arbeitsmethode allein gut auskommen, wenn man es versteht, sie fachgerecht anzuwenden. Mit der Zirkelarbeit am Boden kann man folgende Ziele erreichen: Gymnastizierung, Ausbalancieren, Muskelaufbau, Entwicklung der Gänge, Festigen von Vertrauen und Gehorsam, Erlernen der Hilfengebung (Stimme), gegebenenfalls Abbau von angestautem Bewegungsdrang.

Das Pferd rollt infolgedessen den Hals auf und geht hinter dem Zügel. Grundsätzlich gilt: Die Nasenlinie des Pferdes darf niemals hinter die Senkrechte genommen werden, und das Pferd muß im Genick – nicht im Hals! – abknicken.

Die Arbeit im Round pen

Das gleiche Training, das mit der Longe erarbeitet wird, läßt sich auch im Round pen durchführen. Die Arbeit im Round pen hat viele Vorteile, wenn sie mit Verstand betrieben wird. Einen Nachteil gibt es jedoch auch, der sich aber kaum auswirkt und durch Longentraining ausgeglichen werden kann: Der Round pen hat einen starren Durchmesser, so daß die gebogene Linie stets dieselbe ist. Mit der Longe kann man den Radius variieren und somit die Stärke der Biegung.

Doch das Erreichen der Ziele, ein Pferd in die Biegung zu bringen und damit auszubalancieren, die Muskeln zu kräftigen und später eine leichte Versammlungshaltung aufzubauen, ist im Round pen genauso möglich. Der Round pen – ein eingezäunter, runder Reitplatz – sollte einen Durchmesser von etwa zwölf bis 18 Metern haben. Die Umzäunung muß sehr stabil und hoch genug sein. Ideal ist eine undurchsichtige Wand, damit das Tier bei der Arbeit nicht vom Geschehen außerhalb des Round pen abgelenkt wird. Die Wände sollten leicht nach außen geneigt sein, damit der Reiter nicht mit dem Knie gegen die Bande stößt, wenn das Pferd bei der Arbeit unter dem Sattel zu nah an der Umzäunung läuft.

Im Round pen ist eine Longe meist unnötig, weil die äußere Begrenzung das Pferd in die Biegung bringt. Sie kann aber hilfreich sein, wenn das Pferd zu stark über die innere Schulter fällt und den Kopf nach außen wirft. Der Druckpunkt der Longe am Kopf des Pferdes gewährleistet, daß das Tier die Nase nach innen richtet und in korrekter Biegung läuft. Am besten wird diese Biegung erreicht, wenn man einen Kappzaum verwendet und die Longe am vorderen Nasenring einschnallt. Der Angriffspunkt liegt dabei direkt auf der Biegungsachse des Pferdes, wodurch das Pferd exakt der Zirkellinie entsprechend gestellt werden kann.

Bei der Arbeit im Round pen kann das Pferd aber auch ohne zusätzliche Hilfsmittel geschult werden. Es erlangt seine Balance, kräftigt seine Muskulatur und gymnastiziert seinen Körper. Damit ist es optimal auf die Arbeit unter dem Sattel vorbereitet.

Vor allem bei jungen Pferden hat die Round-pen-Arbeit aber auch einen entscheidenden psychologischen Vorteil. Durch die kreisrunde Form der Reitbahn ist es dem Tier nicht möglich, vor seinem Ausbilder zu fliehen oder sich in eine Ecke zu verkriechen. Ein übermütiges Pferd kann sich beispielsweise von der Longe losreißen, im Round pen ist dies nicht möglich. So kann man auch ein ungestümes Tier unter Kontrolle halten, wodurch die Akzeptanz des Trainers durch das Pferd ganz ohne Zwang erfolgt.

Im Round pen können alle Ausbildungsschritte vollzogen werden, die man auch an der Longe durchführt. Allerdings bietet der Round pen darüber hinaus noch weitere Einsatzmöglichkeiten. Das Zirkel-

DIE WAHRHEIT ÜBER DIE »ROUND-PEN-METHODE«

Immer noch wird der Round pen von vielen Reitern mit Skepsis betrachtet, weil er häufig mit der ursprünglichen Ausbildungsmethode der frühen Cowboys gleichgesetzt wird. Die Cowboys benutzten die kreisrunde Arena vor allem, um Wildpferde einzubrechen. Ecken oder Kanten in der Bahn wären zusätzlich verletzungsträchtig gewesen, so daß der Round pen zum Reiten buckelnder Pferde ideal war. Man nutzte schon damals den Vorteil, daß die Tiere im Round pen keine Möglichkeit hatten, sich dem menschlichen Einfluß zu entziehen. Der Round pen als ideale Ausbildungsarena hat aber nichts damit zu tun, was in dieser kreisrunden Bahn gemacht wird. Das brutale Einbrechen von Pferden – wie es die Cowboys früher noch praktizierten – wurde vom modernen Westernreiter nicht übernommen, weil es nicht notwendig, tierschutzwidrig und gefährlich ist. Der Round pen hat auch für die sanfte Ausbildung von Pferden seine Vorteile. Es gibt deshalb genausowenig eine sogenannte »Round-pen-Methode« wie eine »Reitplatz-Methode«. Die jeweilige Methode hat nichts mit der Arena zu tun, in der sie stattfindet.

training unter dem Sattel (siehe Seite 99) kann im Round pen hervorragend durchgeführt werden, weil es dem Reiter viel Vorarbeit erspart und sich der Zügeleinsatz gegebenenfalls erübrigt. Insgesamt erleichtert der Round pen das Pferdetraining, sowohl im Stadium der Grundausbildung als auch beim weiterführenden Training und bei der Korrektur von schwierigen Pferden.

Das Aussacken

Der Round pen ist auch der ideale Platz, um ein Pferd auszusacken. Unter dem Begriff Aussacken versteht man im allgemeinen das Gewöhnen des Pferdes an furchterregende Gegenstände. Das Ziel ist die Desensibilisierung des Pferdes gegenüber bestimmten Reizen, die das Tier unter normalen Umständen erschrecken und möglicherweise die Flucht ergreifen lassen würden. Das Aussacken zählt deshalb zur Sicherheitsausbildung des Pferdes.

Es gibt verschiedene Methoden, ein Pferd an furchterregende Gegenstände zu gewöhnen. Zwei Methoden sind gängig, wobei jedoch nur eine Art generell akzeptabel sein kann, wenn man sich um eine sanfte Ausbildung des Pferdes bemüht. Viele professionelle Pferdetrainer gehen aber den »schnellen Weg«, bei dem das Pferd mit allerlei klappernden und raschelnden Gegenständen behängt wird. Das Tier flieht panikartig, buckelt und schlägt aus, wobei es die Planen, Decken und dergleichen nicht loswerden kann. Schließlich ergibt es sich in sein Schicksal und akzeptiert die Gegenstände, wobei ihm klar geworden ist, daß diese nicht gefährlich sind. Somit

Bevor man das Pferd mit der Plane berührt, muß man ihm Gelegenheit geben, sich durch Beschnuppern von der Ungefährlichkeit des Gegenstands zu überzeugen.

wird das Tier in Zukunft keine Angst mehr vor Planen und anderen zunächst gefährlich anmutenden Dingen haben.

Um diese Methode jedoch erfolgreich praktizieren zu können, muß das entsprechende Pferd jede Menge Nervenstärke mitbringen. Bei von Grund auf ängstlichen und möglicherweise bereits verdorbenen Pferden kann diese Art des Aussackens sogar lebenslange psychische Schäden hervorrufen. Ängstliche Tiere benötigen das Vertrauen des Reiters in besonderem Maße. Damit fällt diese Aussackmethode flach, denn das Vertrauen wird auf diese Weise in Frage gestellt. Das unsichere Pferd verkraftet eine derartige Behandlungsweise nicht. Es verliert das Vertrauen nachhaltig, wird noch ängstlicher und fürchtet sich sein Leben lang vor flatternden Bändern und knisternden Planen.

Die bessere Aussackmethode, die allerdings etwas mühsamer und zeitraubender ist, kann nur darin bestehen, das Tier langsam und mit Bedacht an furchterregende Gegenstände heranzuführen. Das Ziel ist dabei, durch das Vertrauen und die Neugierde des Vierbeiners seine Angst zu überwinden. Bald wird das Pferd auch bei dieser Methode feststellen, daß ihm raschelnde Dinge nichts anhaben können.

Diese Art des Aussackens ist auf jedes Pferd anwendbar, wobei nervenstarke Tiere viel schneller angstfrei werden als nervöse, unsichere Vierbeiner. Der Ausbilder muß das Training jedoch mit viel Sachverstand durchführen, um nachhaltige Erfolge zu erzielen.

Zunächst ist das Grundvertrauen des Pferdes wichtig, um dieses Training in Angriff nehmen zu können. Man sollte das Pferd für das Training nicht anbinden, sondern den Führstrick in der Hand halten. So kann der Ausbilder bei einem erschreckenden, zur Seite springenden Pferd mit dem Führstrick nachgeben. Ist das Pferd angebunden, kann es sich verletzen. Dies hat im schlimmsten Fall zur Folge, daß das Tier schon in Panik gerät, wenn es bloß angebunden wird.

Das Training sollte an einem dem Pferd vertrauten Platz stattfinden, empfehlenswert ist der Paddock, Round pen oder Reitplatz. Es muß genügend Platz vorhanden sein, damit das Tier nötigenfalls ausweichen kann. Die Box oder die Stallgasse sind für dieses Training nicht geeignet. Dem Pferd wird ein stabiles Halfter (gepolstert) angelegt, an dem ein langer Führstrick befestigt wird. Hat man einen Helfer, kann dieser das Pferd am Führstrick festhalten. Er muß dem Pferd mindestens einen Meter Leine lassen, damit es den Kopf wenden oder ein bis zwei Schritte vor- und zurücktreten kann, wenn es unsicher wird. Würde man dem Pferd diese Bewegungsfreiheit verweigern, indem man den Strick zu kurz nehmen oder es in eine Stallgasse oder Box stellen würde, könnte es Platzangst und Panik bekommen.

Ist man beim Aussacktraining alleine, nimmt man das Ende des Stricks in die Hand und hat somit die Möglichkeit, sich vom Kopf bis zum Schweif des Pferdes zu bewegen, ohne den Führstrick dabei loslassen zu müssen. Zunächst streicht man dem Pferd mit der flachen Hand über den ganzen Körper, um die Akzeptanz sicherzustellen. Schließlich greift man zu einer Satteldecke oder einem Handtuch. Man läßt den Vierbeiner daran riechen, damit er sich von der Ungefährlichkeit des Gegenstands überzeugen kann. Anschließend wischt man damit vom Hals beginnend bis zur Schweifrübe über das Tier. Man sollte stets in Fellrichtung arbeiten und dabei den Bauch und die Beine nicht vergessen. Normalerweise akzeptieren die Pferde diese Behandlungsweise, ohne unruhig zu werden. Bei kitzligen Pferden muß man im Flanken- und Bauchbereich vorsichtig vorgehen. Hat das Tier die Berührung mit der Decke akzeptiert, läßt man diese sanft auf den Pferderücken fallen und gegen den Bauch klatschen. Man kann sie auch leicht gegen die Beine schlagen und dem Pferd damit schließlich vorsichtig über den Kopf streichen.

Hat das Pferd Vertrauen gefaßt, wird es in Zukunft nicht mehr so leicht aus der Ruhe zu bringen sein.

Grundsätzlich gilt, daß man die Prozedur nur so weit treiben darf, wie sie das Pferd noch akzeptiert. Das Tier darf dabei etwas Unruhe zeigen, jedoch keinesfalls so erschreckt werden, daß es wegzulaufen oder davonzuspringen versucht. Das Aussacktraining mit der Decke sollte man schon beim jungen Pferd durchführen. Damit wird es später die Decke und den Sattel auf dem Rücken ohne Probleme dulden.

Konnten diese Schritte problemlos vollzogen werden, nimmt man nun eine kleine Papiertüte und beginnt mit dem gleichen Verfahren: Zunächst riechen lassen und am Hals anfangen, das Pferd damit zu tätscheln. Um das Pferd nicht zu überfordern, läßt man es für den ersten Tag genug sein und arbeitet am nächsten Tag weiter. Man greift zu immer größeren Tüten oder Planen, schließlich gewöhnt man das Pferd auf diese Weise auch an Flatterbänder, Klappersack, Eimer, Körbe, Luftballons oder Wasserschlauch. Alle Dinge, vor denen sich das Pferd fürchtet, sollten im Laufe der Zeit ins Aussacktraining eingebaut werden. Dazu gehören auch Traktoren oder andere landwirtschaftliche Maschinen sowie Motorräder und dergleichen.

Die häufig angewandte Praxis, das Pferd mit Leckerlis in der Tüte locken zu wollen, hat zwar anfangs recht guten Erfolg, doch sobald die Leckereien aufgefressen sind, weicht das Tier wieder ängstlich vor der Knistertüte zurück. Die Freßgier ist bei vielen Pferden größer als ihre Angst, dennoch verlieren sie die Furcht dabei nicht unbedingt. Sie trauen sich aufgrund der Leckerlis zwar, ihre Köpfe in die Tüte oder den Eimer zu stecken, sobald man mit dem Gegenstand aber den Rücken oder den Bauch berühren will, flippt das Pferd wieder aus. Ein erfolgreiches Aussacktraining kann also nur mit Vertrauen, niemals mit Bestechung oder durch Gewalt erreicht werden.

Heranführen an Hindernisse

Nicht nur im Hinblick auf das spätere Reiten eines Trailparcours sollten junge Pferde schon frühzeitig an Hindernisse jeglicher Art herangeführt werden. Das Hindernistraining vom Boden aus bringt Abwechslung in das Training und fördert die Aufmerksamkeit des Pferdes. Auch dieser Trainingsschritt zählt zur Sicherheitsausbildung des Pferdes. Ein Tier, das vorsichtig darauf achtet, wo es hintritt, wird den Reiter sicherer durchs Gelände tragen als ein gleichgültiges oder auch überängstliches Pferd.

DEM PFERD SICHERHEIT GEBEN

Das Aussacktraining sollte nur von fachkundigen Pferdeleuten durchgeführt werden, die fähig sind, dem Pferd die notwendige Sicherheit zu geben. Ist der Pferdebesitzer selbst unsicher und befürchtet, daß das Pferd ängstlich zur Seite und womöglich auch noch auf seine Zehen springt, überträgt sich diese Unsicherheit auf das Tier. So wird das Pferd seine Angst nie verlieren. Der Trainer muß dem Vierbeiner vielmehr sicher und entschlossen entgegentreten. Er sollte mit flatternden und knisternden Gegenständen keinesfalls übervorsichtig, sondern wie selbstverständlich umgehen, um dem Pferd zu zeigen, daß es sich bei einer Plane oder einem Klappersack um nichts Besonderes handelt. Gelassenheit und Souveränität übertragen sich genauso auf das Tier wie Unsicherheit und Angst.

Das Prinzip der Gewöhnung an Hindernisse deckt sich mit dem des Aussacktrainings. Sowohl ängstliche als auch mutige Pferde werden auf die gleiche Weise an Hindernisse herangeführt. Die Tieren müssen lernen, daß sie jedes Hindernis, sei es eine Brücke, Stange oder Plane, vorsichtig und sicher überqueren müssen. Hierzu sind Konzentration und Aufmerksamkeit besonders wichtig. Ängstliche Tiere müssen wiederum viel Vertrauen in ihre Ausbilder setzen, die ihrerseits die Pferde mit viel Geduld von der Ungefährlichkeit der Hindernisse überzeugen müssen.

Zunächst darf das Pferd ein Hindernis mit der Nase untersuchen, damit es erkennt, daß es sich nur um eine Holzplanke, eine Plane oder eine Stange handelt. Mutige Pferde sehen oftmals grundsätzlich keine Gefahr in den verschiedenen Hindernissen, so daß sie gleich über das Hindernis spazieren. Ängstliche und unsichere Pferde hingegen versuchen das Hindernis unter allen Umständen zu umgehen. Sie trauen sich nicht, auch nur einen Huf darauf zu setzen. In diesem Fall muß man viel Geduld aufbringen.

Zunächst gilt es, das Interesse am Hindernis zu erhalten. Das bedeutet folgendes: Solange das Pferd die Brücke oder Plane mit der Nase untersucht und seine Aufmerksamkeit darauf gerichtet hat, darf man keinerlei Druck ausüben, um das Tier zum Überqueren des Hindernisses zu veranlassen. Sobald das Pferd jedoch das Interesse verliert und sich vom Hindernis abwendet, fordert man es auf, das Hindernis zu betreten. Sofort wird das Tier seine Nase wieder dem furchterregenden Bodenhindernis zuwenden. Zeitgleich gibt man mit dem Führstrick wieder nach und setzt das Pferd nicht mehr unter Druck. Dieses abwechselnde Spiel kann einige Zeit dauern, aber schließlich verliert das Tier die Geduld. Es wird – freiwillig! – versuchen, das Hindernis zu bewältigen, weil es keine Chance sieht, ihm zu entgehen.

Man darf dem Pferd natürlich nicht gestatten, sich vom Hindernis abzuwenden. Das Ablassen von einem Hindernis (wenn auch nur für kurze Zeit, um einen neuen Anlauf zu nehmen) wird vom Pferd als Belohnung oder Erfolg aufgefaßt, und es versucht nun, dem Hindernis erst recht aus dem Weg zu gehen. Das Tier sollte sich niemals von der Aufgabe abwenden können. Versucht das Pferd zur Seite auszuweichen, dirigiert man es auch seitwärts wieder zum Hindernis zurück. Läuft es daran vorbei, korrigiert man es durch Rückwärtsrichten, bis es wieder vor dem Hindernis steht.

Bei einem gleichgültigen Pferd, das keine Angst vor einem Hindernis hat, muß man darauf achten, daß es dennoch aufmerksam gegenüber der Aufgabe bleibt. Es könnte sich angewöhnen, nicht auf das Bodenhindernis zu achten. In der Folge stolpert es vielleicht oder verletzt sich durch Anstoßen. Solch ein Pferd läßt man ein Hindernis erst passieren, wenn es deutlich darauf herabgesehen und es registriert hat.

Für ein junges, noch nicht gerittenes Pferd eignen sich für dieses Training am besten Hindernisse wie Brücke, Plane und Stangen. Wenn das Pferd vom Boden aus bereits seitwärts und rückwärts zu steuern ist, kann man das Tier auch seit-

Die Ausbilderin fordert das Pferd auf, seine Aufmerksamkeit auf die Plane zu richten.

wärts über Stangen treten lassen oder es im Slalom rückwärts zwischen Pylonen hindurchmanövrieren.

Das Anreiten des rohen Pferdes

Es ist keine große Kunst mehr, ein gut vorbereitetes Pferd an Sattel und Reiter zu gewöhnen. Meist läuft das Anreiten nach der entsprechenden Vorarbeit ohne größere Probleme ab. Es dürfte sich mittlerweile herumgesprochen haben, daß es beim Zureiten eines jungen Pferdes nicht darum geht, ein buckelndes Pferd zu bezwingen. Mit bockenden Pferden hatten es lediglich die Cowboys zu tun, die möglichst schnell ein wildes Pferd zureiten mußten, um ein zuverlässiges Arbeitstier zu bekommen. Die Tage sind jedoch vorbei, in denen man Pferde mit Gewalt eingebrochen hat. Das Anreiten eines rohen Pferdes geschieht vielmehr mit Bedacht, denn man will nicht nur ein körperlich gesundes Pferd heranziehen, sondern auch eines, das geistig frisch bleibt.

Da die meisten Pferde bereits in stetem Kontakt mit dem Menschen aufwachsen, sind sie nicht nur auf ihre Artgenossen, sondern auch auf den Menschen geprägt. Die Tiere fürchten den Menschen nicht, sondern akzeptieren ihn schon seit frühester Kindheit als Partner und im günstigen Fall auch als Herdenchef. Durch diesen Umstand ist der Umgang mit den Jungpferden in der Regel einfach, so daß bei fairer, konsequenter und fachkundiger Behandlung das Einreiten im Alter von rund drei Jahren keine großen Schwierigkeiten bereitet.

Satteln und Zäumen

Wenn das junge Tier nicht ungerecht behandelt worden ist und folglich Vertrauen zum Menschen hat, gestaltet sich das erste Satteln und Zäumen unproblematisch. Man muß jedoch bestimmte Voraussetzungen schaffen, vorsichtig vorgehen, sicher auftreten und nicht leichtsinnig handeln.

Einem halfterführigen Pferd kann man anstelle des Halfters genausogut ein *Side pull* oder eine *Bosal-Hackamore* anlegen. Eine Zäumung mit Gebiß ist dem Tier dagegen noch vollkommen unbekannt. Da sich das Pferd beim Einreiten mit

GEBISSLOS EINREITEN

Es hat sich bewährt, Pferde mit einer gebißlosen Zäumung einzureiten. Das junge Tier hat zunächst genug damit zu tun, mit dem Reiter auf seinem Rücken klarzukommen. Es muß lernen, die Balance zu halten, und es muß sich auf die Aktionen und Hilfen des Reiters konzentrieren. Viele Pferde fühlen sich überfordert, wenn sie sich nun auch noch mit einem Gebiß und dessen Wirkungsweise auseinandersetzen müssen.

Zudem befinden sich junge Pferde im Alter zwischen zwei und fünf Jahren im Zahnwechsel. Somit kann das Gebiß im Maul unter Umständen schmerzen. Das Side pull ist eine Zäumung, die sich für das Einreiten von jungen Pferden sehr gut bewährt hat und hierfür auch immer häufiger verwendet wird.

vielen neuen Dingen auseinandersetzen muß, verzichtet man deshalb zunächst lieber auf das Gebiß und legt dem Tier idealerweise ein *Side pull* an, das sich durch seine Wirkungsweise als Anfangszäumung bewährt hat (siehe auch Seite 51).

Wenn das Aussacktraining fachgerecht durchgeführt worden ist, kann man dem Pferd das *Pad* und den Sattel ohne Widerstand auf den Rücken legen. In den ersten Monaten läßt man das Jungtier vor dem Auflegen an *Pad* und Sattel schnup-

Bevor man zum erstenmal aufsitzt, sollte sich das Pferd ausreichend an den Sattel gewöhnt haben – zum Beispiel bei der vorangehenden Longenarbeit.

Beim ersten Aufsteigen schwingt man das rechte Bein noch nicht über den Sattel.

gem Auf- und Absteigen nun auch das rechte Bein hinüberschwingen und sich vorsichtig und sanft in den Sattel setzen. Beruhigendes Zureden sollte die ganze Prozedur begleiten. Das Pferd wird die Aktion aufgrund seines Vertrauens, das durch die Vorarbeit aufgebaut wurde, ohne großen Widerstand akzeptieren. Am problematischsten sind in der Anfangsphase die Bewegungen des Reiters auf dem Pferderücken, vor denen das Tier scheuen könnte. Deshalb ist es wichtig, sich nur wenig und langsam zu bewegen, bis das junge Pferd sich an den Reiter gewöhnt hat.

Reiten vom Boden aus

Auch wenn das Pferd den Reiter im Sattel nun akzeptiert, kann er es noch nicht reiten. Es kennt weder Zügel- noch Schenkelhilfen, bestenfalls reagiert es aufgrund der Stimme, die es schon von der Arbeit im Round pen oder an der Longe kennt. Bevor man das Tier jetzt sowohl mit dem noch unbekannten Reitergewicht als auch mit neuen Einwirkungen (Ziehen am Zügel oder Klopfen mit den Schenkeln) traktiert, steigt man wieder ab und arbeitet nochmals vom Boden aus.

Die nun folgende Übung ist allerdings nur mit kleinen Pferden möglich, bei denen man den rechten Ellenbogen auf den Widerrist legen kann. Man stellt sich in Schulterhöhe links neben das Pferd und greift nach den Zügeln, wie man es vom Sattel aus machen würde. Hierzu muß der rechte Arm über den Widerrist gelegt werden, um den rechten Zügel ergreifen zu können. Bei sehr großen Pferden ist dies natürlich nicht möglich.

Nun gibt man leichte Impulse mit einem Zügel (das Pferd trägt vorzugsweise ein *Side pull* oder ein gut sitzendes Stallhalfter) und bringt damit den Kopf in die gewünschte Richtung. Die Stimmkommandos (wie beim Longen- oder Round-pen-Training angewandt) veranlassen das Pferd zum Vorwärtsgehen. Somit kann das Jungtier quasi vom Boden aus »geritten« werden.

Sitzt man nun im Sattel, kennt das Tier die direkte Zügelhilfe schon. Es kommen damit nicht mehr so viele Neuerungen auf es zu. Problematisch ist bei vielen Pferden das selbständige Antreten. Der Ausbilder muß die Position neben der Schulter beibehalten, um an den Zügeln zu bleiben. Orientiert sich das junge Pferd jedoch an der Position

Man unterstützt das Stimmkommando zum Antreten, indem man das Gewicht leicht nach vorne verlagert und mit den Zügelhänden vorgeht.

des Menschen, wird es nicht vorwärts treten. In diesem Fall muß man zum Ausbildungsschritt »Erlernen der Stimmkommandos« (siehe Seite 57) zurückgehen.

Hat das Pferd nun all diese vorbereitenden Übungen und Lektionen durchlaufen, ist es reitbar. Der Reiter kann aufsteigen und mit der Ausbildung vom Sattel aus beginnen, denn das Tier kennt die wichtigsten Hilfen und Befehle. Das Vertrauen bleibt gefestigt, es wird in keiner Weise in Frage gestellt oder mißbraucht. Somit ist ein schneller Fortschritt garantiert.

Das Reiten der Grundgangarten

Dem Pferd ist der Reiter auf seinem Rücken nicht mehr unheimlich, es bleibt bei allen Handlungen ruhig, kennt die Stimmkommandos für die Gangarten und läßt sich sogar schon mit den Zügeln in eine bestimmte Richtung lenken. Das Pferd ist somit reitbar, doch »angeritten« ist es noch lange nicht. Hierzu muß es sicher in allen drei Grundgangarten geritten werden können. Obwohl es eine fundierte Vorbereitung hinter sich hat, können sich nun bei der Arbeit vom Sattel aus Probleme einstellen, zumal das Pferd weitere Neuerungen wie Schenkeldruck und Gewichtshilfen kennenlernen muß.

Das Anreiten

Es kann dem Pferd helfen, wenn es bei den ersten Schritten mit dem Reiter im Sattel von einem Helfer geführt wird. Doch auch ohne Hilfestellung wird das erste Anreiten keine großen Schwierigkeiten machen.

Hierbei hat das stimmliche Kommando Priorität, denn damit weiß das Pferd, was von ihm verlangt wird. Zusätzlich setzt man nun schon die unterstützenden Hilfen ein, um dem Pferd die Ausführung zu erleichtern. Später wird die stimmliche Hilfe verfeinert, das heißt man flüstert nur noch, statt die Kommandos laut und deutlich auszusprechen. Die unterstützenden Hilfen bestehen aus einer leichten Verlagerung des Gewichts nach vorne, zugleich nimmt man die Hände etwas weiter über den Pferdehals, wodurch automatisch der Zügel lockerer wird. Auf den treibenden Schenkeleinsatz verzichtet man möglichst noch, weil sich manche Pferde dagegen wehren, da sie mit dem Druck nichts anfangen können. Normalerweise reichen das Stimmkommando und die Gewichtshilfe aus, um das Pferd zum Antreten zu veranlassen.

Obwohl das Jungtier möglicherweise durch das Reiten vom Boden aus die Zügelhilfen teilweise kennt, sollte man diese noch nicht einsetzen, um es auf eine bestimmte Bahn zu lenken. Prinzipiell findet das Anreiten im Round pen oder auf einem umschlossenen Reitplatz statt, damit das Pferd an der Bande eine Anlehnung findet. Sein größtes Problem stellt jetzt nämlich das Ausbalancieren des Reiters dar.

Es gibt Pferde, die regelrecht zu torkeln beginnen, weil sie sich noch nicht ausbalancieren können. Je weniger der Reiter selbst im Gleichgewicht sitzen kann, um so schwieriger wird dies für ein junges Pferd. Deshalb sollte man immer darauf bedacht sein, gerade – das heißt, mit dem Oberkörper über dem Schwerpunkt des Pferdes – im Sattel zu sitzen.

Nimmt das Pferd die Aufforderung zum Antreten wider Erwarten nicht an, müssen jetzt schon die Schenkel zum Einsatz kommen. Zunächst berührt man mit den Unterschenkeln leicht die Seiten des Pferdes und wartet auf eine Reaktion. Tritt das Tier nun vorwärts, wird die Berührung sofort wieder gelöst. Bleibt das junge Pferd stehen, verstärkt man die Schenkelhilfe, indem man einen leichten Druck ausübt. Nun ist es nicht selten, daß die Tiere Abwehrreaktionen zeigen. Hierzu gehören beispielsweise das Hochwerfen des Kopfes, Zurücklegen der

DAS GLEICHGEWICHT FINDEN

Nach fundierter Vorarbeit ist es für das junge Pferd in der Einreitphase das größte Problem, das Reitergewicht auszubalancieren. Es wird dem Tier anfangs nicht möglich sein, seine Spur einzuhalten. Das Pferd kann weder geradeaus noch auf einer exakten Kreislinie laufen. Da nützt es wenig, am Zügel herumzuziehen, um es zu korrigieren. Vielmehr sollte man dem Pferd Zeit lassen, seine Balance zu finden. Hilfreich ist es deshalb, zunächst in Anlehnung an eine Bande (im Round pen oder in der Reithalle) zu arbeiten.

Ohren, Tänzeln oder gar der Versuch, nach dem Reiterbein zu schnappen. Diese Reaktionen darf man zunächst ignorieren, man muß aber konzentriert darauf achten, daß der Schenkeldruck sofort gelöst wird, sobald das Pferd einen Schritt vorwärts macht. Auf diese Weise lernt das Tier die richtige Reaktion. In der Regel dauert es nicht lange, bis das Pferd den Schenkeldruck akzeptiert und versteht, daß es auf beidseitigen Druck nach vorne ausweichen soll. Zur Wiederholung und Vertiefung ist es in diesem Zusammenhang sinnvoll, nochmals im Abschnitt »Das Prinzip der Hilfengebung« (siehe Seite 37) nachzulesen.

Der Schritt

Man sollte das Pferd die Geschwindigkeit innerhalb der Gangart Schritt zunächst selbst wählen lassen. Viele Pferde können sich in einem höheren Tempo besser ausbalancieren. Manche Jungtiere jedoch treten nur zaghaft vorwärts. Das alles ist kein Problem, solange das Pferd vorerst irgendwie vorwärts geht. Es ist ratsam, so wenig wie möglich einzugreifen, um das Tier nicht zu verwirren oder gar in seinen Bewegungen zu stören.

An den ersten Trainingstagen reichen drei bis fünf Runden im Schritt, dann entläßt man das Pferd wieder auf die Weide, wo es seine Erlebnisse und neuen Eindrücke verarbeiten kann. Jeder Fortschritt ist ein Grund, das Pferd zu loben und die Arbeit für diesen Tag zu beenden.

Ein fleißiger Schritt kann dem Reiter nur recht sein, denn damit tritt das Pferd von sich aus gut unter und setzt die Hinterhand aktiv ein. Ungünstig ist dagegen ein stürmendes Pferd, das offensichtlich vor dem Reitergewicht davonzulaufen versucht. Ein solches Tier gilt es zu beruhigen. Hierzu gibt es verschiedene Möglichkeiten. Entweder ist das Pferd noch nicht gut genug vorbereitet und ängstigt sich, dann hilft die Wiederholung des Aussacktrainings und der Bodenarbeit. Oder das Pferd versucht, dem Reitergewicht zu entgehen, dann hat es sich bewährt, das Tier so lange (im Round pen) laufen zu lassen, bis es sich von selbst beruhigt, wobei man dem Pferd allerdings nicht erlauben sollte, in den Trab oder Galopp überzuwechseln. Muß man das Tier bremsen, lenkt man es mit einem Zügel auf eine kleine Kreislinie. Ein noch nicht genügend ausbalanciertes Pferd hat dabei große Mühe, das Gleichgewicht zu halten, und muß die Geschwindigkeit drosseln. In diesem Fall kann man davon profitieren, wenn man zuvor schon das Reiten vom Boden aus (siehe Seite 76) praktiziert hat.

Beim Reiten im Schritt ist es natürlich auch wichtig, daß die Schenkel nach Möglichkeit nur zum Antreten zum Einsatz kommen. Sobald das Pferd in der Vorwärtsbewegung ist, muß der Druck vollständig zurückgenommen werden, denn das Tier soll schon von Anfang an lernen, die Gangart selbständig zu unterhalten. Erst wenn der Vierbeiner im Begriff ist, von sich aus anzuhalten, kommt der Schenkel wieder zum Einsatz, um den Schritt zu erhalten.

Während der Schrittarbeit wird dem Pferd gestattet, seinen Kopf hoch, tief oder zur Seite gerichtet zu tragen – wie es ihm zunächst angenehm erscheint. Man stört das Tier möglichst nicht, solange es Schritt geht. Der Kontakt zum Pferdemaul sowie die richtige Stellung und Biegung erfolgen viel später im Laufe der Grundausbildung.

Das Anhalten

Das Durchparieren des Pferdes zum Halt ist eines der wichtigsten Manöver in der Westernausbildung. Obwohl es zunächst sehr einfach aussieht, handelt es sich um eine der schwierigsten Lektionen, die man einem Pferd beibringen muß. Sicherlich ist es möglich und auch recht einfach, ein Pferd zum Stehen zu bringen, wenn man nur fest genug an den Zügeln zieht. Doch der Zug am Zügel ist erstens eine Zwangsmaßnahme (die man vermeiden sollte), und zweitens stumpft das Tier ab, so daß es im Laufe der Zeit immer schwieriger wird, es abzubremsen. Mit weiteren negativen Folgen muß man rechnen: Das Pferd drückt den Rücken weg, legt sich aufs Gebiß, beißt sich daran fest oder geht grundsätzlich gegen den Druck. Der Zügelzug kann demnach nicht der richtige Weg sein, ein Pferd abzustoppen.

Das Pferd hat für gewöhnlich bereits bei der Arbeit an der Longe, im Round pen oder beim Führtraining über die Körpersprache des Ausbilders gelernt, welches Stimmkommando bedeutet, daß es anhalten soll. Die meisten Pferde reagieren auch unter dem Sattel darauf. Man unterstützt das Manöver mit der Gewichtshilfe, indem man den Oberkörper leicht nach hinten nimmt. Das Pferd wird gelobt, wenn es richtig reagiert hat, damit es auch im weiterführenden Training den Ehrgeiz nicht verliert, alles zur Zufriedenheit seines Reiters auszuführen.

Manchmal bleibt dem Reiter keine andere Wahl, als den Zügel als Zwangsmittel einzusetzen, um das Tier durchzuparieren. Ist dies der Fall, dürfen niemals beide Zügel gleichzeitig angenommen werden. Außerdem darf kein permanenter Zug stattfinden. Die Zügelhilfe besteht immer aus einem kurzzeitigen

DER ZÜGEL IST NUR EINE NOTBREMSE

Die Westernreitweise stützt sich auf eine möglichst zwanglose Ausbildung. Somit haben die Hilfen in nachstehender Reihenfolge Priorität: Stimme, Gewichtshilfen, Schenkelhilfen und zum Schluß die Zügelhilfen. Die Abfolge richtet sich nach dem möglichen Druck, der mit der jeweiligen Hilfe aufgebaut werden kann.
Vor allem beim jungen Pferd ist die richtige Reihenfolge der Hilfengebung wichtig, um es zur aktiven und willigen Mitarbeit zu erziehen. Ein Zwang findet nicht statt, solange das Tier der Aufforderung des Reiters Folge leistet. Somit wird auch das Abstoppen mit Hilfe der Stimme und des Gewichts verlangt. Nur im Notfall wird der Zügel eingesetzt und der Stop zwangsweise durchgesetzt

Das Anhalten unterstützt man durch Zurücknehmen des Oberkörpers.

Annehmen und Nachgeben auf einer Seite. Auf diese Weise kann sich das Pferd niemals auf den Zügel legen oder den Druck erwidern. Es muß dem Zügel nachgeben und bleibt infolgedessen stehen.

Es ist erforderlich, daß man die Zügelseite abwechselt, damit sich das Pferd nicht auf einer Seite im Hals steif macht und sich so gegen den Zügeldruck zu wehren versucht.

Das Leichttraben kann dazu dienen, dem jungen Pferd den Trabrhythmus vorzugeben.

Die Bedeutung des Sitzes

Für die fundierte Ausbildung des Pferdes muß der Reiter über ein entsprechendes Können verfügen, um auf die jeweiligen Belange des Vierbeiners eingehen und ihm durch einfühlsames Handeln die korrekten Manöver beibringen zu können. Die Grundlage der Reiterausbildung und die Voraussetzung für die optimale Einwirkung auf das Pferd ist der richtige Sitz.

Der korrekte Sitz wird häufig vernachlässigt, weil in vielen Turnierdisziplinen (zum Beispiel Cutting, Reining, Western Riding) nicht der Reiter, sondern nur die Leistung des Pferdes beurteilt wird. Dennoch wird in letzter Zeit vermehrt auch die Einwirkung des Reiters und damit der Sitz in die Beurteilung mit einbezogen. Einen perfekten Sitz muß man nicht nur in der Horsemanship zeigen. Auch in der Pleasure und im Trail ist der Sitz des Reiters keineswegs unbedeutend. Ganz abgesehen von der Turnierbewertung ist der Sitz des Reiters für die Ausbildung von Jungpferden ebenso wichtig wie für das weiterführende Training eines erfolgreichen Turniercracks. Denn nur durch einen sauberen Sitz ist eine effektive Hilfengebung möglich.

Aber auch für den »Nur-Freizeitreiter« ist ein korrekter Sitz notwendig, um dem Pferd Schmerzen und frühzeitige Verschleißerscheinungen durch falsche Belastung zu ersparen. Ein guter Sitz gewährleistet die Sicherheit des Reiters, weil man damit in der Lage ist, auch heftige Bewegungen des Pferdes (etwa beim Scheuen) auszugleichen.

Der Sitz des Reiters darf das Pferd nicht in seinen Bewegungen stören. Vielmehr soll der Reiter mit Hilfe seines Sitzes das Tier in dessen Manövern unterstützen (Gewichtshilfen). Vorausgesetzt wird, daß der Reiter in Einklang mit dem Pferd ausbalanciert sitzen kann. Der Westernreiter sitzt also im Gleichgewicht und hält sich weder mit den Beinen noch mit den Händen am Sattel fest. Um einen ausbalancierten Sitz zu erreichen, benötigt der Anfänger viele Übungsstunden im Sattel, denn der Reiter muß das

Der richtige Sitz: Schulter, Hüfte und Ferse müssen von der Seite betrachtet eine lotrechte Linie bilden.

Gleichgewicht in allen Gangarten, verschiedenen Geschwindigkeiten sowie in Kurven und Wendungen finden.

Um ausbalanciert reiten zu können, muß der Reiter seinen Schwerpunkt über den des Pferdes bringen. Damit steht fest, daß sich der Mittelpunkt des reiterlichen Körpers über der Wirbelsäule des Pferdes befindet. Die beiden Schultern, die Hüftknochen sowie die Fußsohlen des Reiters liegen jeweils auf einer waagrechten Linie. Von der Seite betrachtet verläuft vom Ohr des Reiters über die Schulter, die Hüfte und die Ferse eine lotrechte Linie. Die Augen des Reiters blicken geradeaus in die Reitrichtung. Viele Reiter sehen auf den Hals des Pferdes hinab, als müßten sie ständig überprüfen, ob das Pferd noch da ist. Das hat hauptsächlich damit zu tun, daß der Reiter die Handhabung und Einwirkung sowie die Lage der Zügel und die Haltung des Pferdekopfes mit seinen Augen besser überwachen kann als mit seinem Gefühl. Ein fortgeschrittener Reiter sollte all das aber erfühlen können. Ein gesenkter Kopf (mit Blick auf den Pferdehals) ruft häufig einen runden Rücken hervor. Die Schultern fallen nach vorne, und die lotrechte Linie – sprich der Balancesitz – geht verloren. Deshalb muß der Blick auf den Reitweg gerichtet werden, um einen hocherhobenen Kopf und eine damit verbundene gerade Rückenlinie zu erreichen.

Unsicherheit, aber auch Schlamperei sind die Auslöser dafür, daß viele Reiter die Schultern hängen lassen. Auch das führt zu einem runden Rücken – der Reiter fällt nach vorne. Menschen, die nicht gelernt

Von vorne betrachtet befinden sich die Schultern, die Hüftknochen, die Knie und die Fersen jeweils auf einer waagrechten Linie.

haben, sich auf dem Bürostuhl ordentlich hinzusetzen, sitzen meist auch im Sattel nicht gerade. Dabei ist es nicht nur für die Einwirkung auf das Pferd wichtig, einen aufrechten, geraden Sitz zu erlernen, sondern auch für die Gesundheit des Menschen. Viele Orthopäden raten Bandscheibenpatienten zum Reiten, um die Haltung zu verbessern und die Rückenmuskulatur zu stärken. Wenn diese Leute aber falsch im Sattel sitzen, kehrt sich der gewünschte Effekt ins Gegenteil, und das Reiten schadet dem bereits lädierten Rücken.

Die meisten Menschen lassen ihre Schultern nach vorne hängen, und viele Reiter müssen die Schulterblätter nach hinten zusammendrücken, um tatsächlich gerade zu sitzen. Übertreibt man dies, entsteht sehr schnell ein Hohlkreuz, das ebenso fehlerhaft ist. Ein Hohlkreuz kann mitunter auch damit zusammenhängen, daß der Reiter sein Becken zu stark aufstellt. Die Korrektur des Hohlkreuzes erfolgt am besten durch Strecken des gesamten Körpers nach oben und unten. Man nimmt dabei die Arme nach oben und versucht, imaginäre Kirschen zu pflücken, die einige Zentimeter höher hängen als man greifen kann.

Häufiger ist jedoch ein runder Rücken, der sowohl durch hängende Schultern als auch durch ein abgekipptes Becken entstehen kann. Das Becken sollte leicht aufgestellt sein, damit man es abkippen kann und somit eine Gewichtshilfe nach hinten möglich wird (Stophilfe). Ob das Becken aufgestellt ist, kann man prüfen, indem man die flache Hand zwischen Gesäß und *Cantle* zu schieben versucht. Ist dies nicht möglich, sitzt man zu weit hinten ein.

Im Zusammenhang mit einem abgekippten Becken werden meistens die Beine so weit nach vorne weggestreckt, daß man keine lotrechte Linie von der Schulter über die Hüfte zu den Fersen mehr fällen kann. Ein häufiger Fehler sind auch hochgezogene Knie, die ihre Ursache meist im abgekippten Becken oder in der Unsicherheit des Reiters haben, der versucht, sich mit den Knien am Sattel festzuhalten. In der Folge verschiebt sich der Unterschenkel nach vorne, und die Ferse rutscht hoch.

Aus der Vorstellung heraus, daß der Westernreiter mit den Schenkeln keinen ständigen Kontakt zum Pferd haben sollte, strecken manche Reiter die Beine seitlich oder nach vorne weg. Kein Kontakt bedeutet aber nicht, daß der Reiter sein Bein nicht am Pferd lassen sollte. Er muß jederzeit bereit sein, einen Druck aufzubauen – und dies für den Betrachter möglichst unsichtbar. Das ist nur möglich, wenn der Unterschenkel am Pferd bleibt, ohne jedoch ständigen Druck auszuüben. Wird das Bein vor- oder weggestreckt, ist der Weg bis zum Pferdekörper zu weit, um zum richtigen Zeitpunkt fein und effektiv einwirken zu können. Der Unterschenkel wird unruhig, wobei das Ergebnis oft ein hart klopfender Schenkel ist, durch den das Pferd gegenüber den Schenkelhilfen extrem abstumpft. Trägt ein solcher Reiter Sporen, werden diese zum Marterinstrument, weil ein sensibler Einsatz nicht möglich ist (siehe auch Seite 55).

Der Absatz des Reiters sollte den tiefsten Punkt bilden. Die tiefe Ferse gewährleistet eine Spannung im Unterschenkel, womit ein effektiver Schenkeleinsatz möglich ist. Zudem sorgt der heruntergedrückte Absatz dafür, daß auch das Knie des Reiters tief am Sattel zu liegen kommt, und unterstützt damit den korrekten und sicheren Gesamtsitz des Reiters. Ein kleiner Tip für die Praxis: Beim

Reiten ist es einfacher, daran zu denken, die Zehen nach oben zu ziehen als die Ferse nach unten zu drücken, um den Absatz tief zu halten!

Damit das Knie fest am Sattel liegt und man nicht mit den Zehen beispielsweise an einem Baum hängenbleiben kann, werden die Zehenspitzen so weit nach innen gedreht, daß der Fuß nahezu parallel zum Pferdekörper positioniert ist. Durch die zusätzlich herabgedrückten Fersen erfordert diese Haltung eine besonders gute Gymnastizierung der Bein-/Fußmuskulatur. Die Sehnen und Bänder in den Beinen und Füßen müssen entsprechend gedehnt werden, damit diese Haltung auf Dauer möglich ist. Um diesen optimalen Sitz zu erreichen, ist viel Gymnastizierung und Training erforderlich.

Die Oberarme hängen locker herab, wobei die Ellenbogen am Körper gehalten werden. Im Galopp sieht man häufig »flatternde« Ellenbogen, die den gesamten Sitz unruhig und eine feine Zügelführung unmöglich machen. Die Unterarme sollen die Verlängerung der Zügel darstellen – sie bilden also mit den Zügeln eine gerade Linie zum Pferdemaul. Die Zügelfaust ist aufgestellt, wobei der Daumen locker auf dem durch die Faust laufenden Zügel liegt. Die Faust ist nicht fest geschlossen, um eine weiche Zügelführung zu gewährleisten. Kleiner Finger und Ringfinger sollten sogar leicht geöffnet werden, um bereits durch kleinste Fingerbewegungen (Öffnen und Schließen der Faust) Zügelsignale übermitteln zu können.

In der Regel wird mit offenen Zügeln *(Split reins)* geritten, wobei das jeweilige Zügelende auf der gegenüberliegenden Seite des Pferdes herabhängt. Beide Zügel werden mit beiden Händen gehalten, wodurch die sogenannte Zügelbrücke entsteht. Das Ablängen der Zügel erfordert etwas Geschick. Die einhändige Zügelführung hingegen ist für die Basisarbeit nicht relevant, sondern hat nur für den Turnierreiter mit einem vollständig ausgebildeten Westernpferd eine Bedeutung (siehe auch Seite 163 ff.).

122
BAYERISCHE
MEISTERSCHAFT

Das Grundlagen-training

Die Ausbildung und das Reiten des Pferdes bedeuten nichts anderes, als die Kontrolle über das Tier zu erlangen. Die angestrebte harmonische Zusammenarbeit zwischen Reiter und Pferd entsteht dabei durch eine möglichst zwanglose Kontrolle.

Das Pferd ist von Natur aus nicht dazu geschaffen, einen Menschen zu tragen. Auch der züchterische Eingriff des Menschen konnte die Tiere nicht so sehr verändern, daß das Reiten ohne eine körperliche Vorbereitung des Pferdes auf Dauer ohne gesundheitliche Schäden ablaufen könnte. Es ist deshalb notwendig, das Pferd sowohl körperlich als auch mental auf sein Dasein als Reittier vorzubereiten. Ein qualifiziertes Aufbautraining kann Verschleißerscheinungen weitgehend verhindern. Dabei müssen verschiedene Aspekte beachtet werden.

Zu berücksichtigen ist in erster Linie der spezielle Verwendungszweck des Pferdes. Will man Springreiten, Fahren, mit Rindern arbeiten, Reining reiten oder Trailaufgaben lösen? In jeder Disziplin ist das Pferd bestimmten Belastungen ausgesetzt, die bei extremer Spezialisierung nachhaltige Schäden an seinem Bewegungsapparat hervorrufen können. So haben sich bereits regelrechte »Berufskrankheiten« entwickelt, beispielsweise die Hufrollenentzündung beim Springpferd oder Spat beim Dressurpferd. Auch sehr viele Quarter Horses – ob Reining-, Cutting- oder Pleasurepferde – haben derartige Erkrankungen an den Beinen, die auf Verschleiß zurückzuführen sind. Im Hochleistungssport treten solche Verschleißerscheinungen hauptsächlich durch die extreme Spezialisierung (und dadurch einseitige Belastung des Bewegungsapparates) auf.

Man sollte meinen, daß ein im Gelände gerittenes Freizeitpferd keinen solchen Belastungen ausgesetzt ist und daß es folglich von derartigen Verschleißerkrankungen verschont bleibt. Um so erschreckender ist es, daß selbst Freizeitpferde krankheitsbedingt ausfallen und teilweise schon im jungen Alter invalid werden.

Wie eingangs erwähnt, sind Pferde von Natur aus nicht fürs Tragen eines Reiters geschaffen. Darin liegt ein Grund für den körperlichen Verschleiß der Tiere. Zum anderen werden gerade Freizeitpferde nicht immer einem fachkundigen Aufbautraining unterzogen, das aber notwendig ist, um die Muskelgruppen, Sehnen und Bänder zu stärken, die dafür zuständig sind, das zusätzliche Reitergewicht mitzutragen. Selbst ein freizeitmäßig gerittenes Pferd ist durch das Reitergewicht, vom natürlichen Gesichtspunkt aus betrachtet, überlastet. Um diese Mehrbelastung ausgleichen zu können, muß ein fundiertes Training vorausgehen, das die entsprechenden Sehnen und Muskeln stärkt. Beim Grundlagentraining geht es in erster Linie um den Aufbau dieser Muskulatur sowie um die grundlegende Kommunikation zwischen Reiter und Pferd mittels eindeutiger Hilfengebung.

Kleine Trainingslehre

Aufgrund der Anforderungen, die beim Reiten an das Pferd gestellt werden, ist der Vierbeiner als Sportler zu betrachten, der bestimmte Leistungen erbringen muß, um den Reiter schadenfrei tragen zu können. Der Reiter bestimmt die Lektionen und Aufgaben, die das Pferd ausführen soll. Deshalb muß er als Trainer und Lehrer seines Pferdes Kenntnisse in Anatomie, Physiologie, aber auch Psychologie und Pädagogik haben, um einen sinnvollen Trainingsplan zu erstellen.

Der Aufbau einer Trainingsstunde

Man kann sich beim Aufbau einer Trainingseinheit an gewisse Grundsätze halten, das Training muß aber individuell auf jedes einzelne Pferd abgestimmt werden. So kann das eine Pferd starke Verspannungen haben, ein anderes hat durch sein unharmonisches Exterieur Probleme, und wieder ein anderes Pferd ist sehr locker und gehfreudig. Prinzipiell sind am Anfang einer Trainingsstunde lösende Übungen notwendig, die aufgrund der unterschiedlichen Voraussetzungen zeitlich nicht festlegbar sind. Das Gefühl des Reiters muß darüber entscheiden, wann das Pferd ausreichend gelöst ist, um weiterführende Aufgaben zu absolvieren.

Als Faustregel gilt: Mindestens zehn Minuten am losen Zügel im Schritt reiten, wobei das Pferd aufgefordert wird, flott auszugreifen. Damit aktiviert man die Hinterhand und fördert die Dehnungsbereitschaft des Pferdes. Übereiltes und hektisches Vorwärtsreiten sollte vermieden werden, da damit keine Lockerung erreicht wird, sondern eher Verspannungen aufgebaut werden.

In der Lösungsphase werden die Muskeln durch die Bewegung verstärkt durchblutet. Dadurch erwärmt sich die Muskulatur. Die Aufwärm- und Lösungsphase ist dringend notwendig, um Verletzungen wie Muskelzerrungen oder -risse zu vermeiden. Erst wenn das Pferd seine Muskulatur gelockert hat, ist die An- und anschließende Entspannung der Muskeln – sprich die eigentliche Arbeitsphase – möglich.

Zum Schluß des Trainings soll die Muskulatur wieder langsam abgekühlt werden, da ein überhitztes Pferd gesundheitliche Schäden davontragen kann, wenn es ohne Abkühlungsphase in die Box oder in den Auslauf gebracht wird. In dieser Entspannungsphase läßt sich aber auch überprüfen, ob das Pferd gelöst, locker und losgelassen ist. Hierzu wird wieder mindestens zehn Minuten im fleißigen Schritt geritten. Die »Handprobe« zeigt dem Reiter den Erhitzungszustand des Pferdes, wobei die Umgebungstemperatur in die Bewertung mit einbezogen werden muß.

Ein schwitzendes Pferd sollte bei warmen Temperaturen trockengeritten und zusätzlich noch einige weitere Minuten bewegt werden, bevor man seine Beine mit kühlendem Wasser abspritzt. Im Winter hingegen trocknet ein verschwitztes Pferd schlecht, vielmehr bleibt nach der Erholungsphase im Schritt kalter Schweiß im Fell zurück, der das Pferd unter Umständen zu schnell auskühlen läßt und somit die Gesundheit des Tieres gefährdet. Das Pferd sollte in der kalten Jahreszeit möglichst nicht so stark gefordert werden, daß es zu schwitzen beginnt. Manche Pferde neigen durch ihr sehr dichtes Winterfell aber sehr schnell – sogar allein durch die Schrittarbeit – zum Schwitzen. Man sollte ein solches Tier im Schritt reiten, bis es nicht mehr dampft beziehungsweise bis der Schweiß kalt wird. Danach wird das Pferd eingedeckt, um einen Wärmeverlust zu vermeiden. Bewährt haben sich auch Solarien, die das Pferd so lange warm halten, bis das Fell abgetrocknet ist. Gute Abschwitzdecken oder Baumwolldecken mit einer dicken Strohschicht darunter (die zweimal gewechselt wird) erfüllen den gleichen Zweck.

Das Reittraining ist also grob betrachtet in drei Schichten unterteilt: die Aufwärm- oder Lösungsphase, die Arbeitsphase und die Entspannungs- oder Abkühlungsphase. Während der Arbeitsphase ist darauf zu achten, daß sich auch hier An- und Entspannungsphasen abwechseln, um die Muskeln zu trainieren. Ein verspannter Muskel ist nicht trainierbar. Er muß zunächst entspannt werden, um durch die anschließende Anspannung aufgebaut werden zu können.

Auch die Sehnen und Bänder bedürfen einer Anpassung an die Anforderungen unter dem Reiter. Die Dehnung und Stärkung der Bänder und Sehnen dauert ungleich länger als der Aufbau der Muskulatur. Deshalb ist ein langsames Vorgehen im Trainingsprogramm sinnvoll und notwendig, um Schäden am Bänder- und Sehnenapparat zu verhindern.

Das Training des Westernpferdes ist so umfangreich, daß niemals alle Lektionen innerhalb einer Trainingseinheit umfassend abgerufen und trainiert werden können. Trainieren bedeutet im wesentlichen Verbessern. Dies ist nur durch eine fachkundige Vorbereitung der entsprechenden Lektion und mehrmalige Wiederholungen möglich. Wenn man eine Übung nur ein- oder zweimal absolviert, kann diese kaum verbessert werden. Ein derartiges Training, bei dem viele Lektionen durchgeführt werden, aber keine verbessert wird, hat wenig Sinn. Deshalb ist es notwendig, sich für eine Trainingseinheit jeweils nur wenige Aufgaben vorzunehmen, diese aber intensiv zu trainieren – mit guter Vorbereitung, konzentrierter Durchführung und mehrmaliger Wiederholung.

So steht an einem Tag Zirkeltraining auf dem Programm, ein anderes Mal wird man sich dem Aussacktraining widmen und später eventuell den Seitengängen. Das Training muß sich aber immer an den Fähigkeiten des Pferdes orientieren und darf das Tier nicht überfordern. Be-

DIE TRAGENDE KRAFT

Es ist falsch zu glauben, daß nur die Rückenmuskulatur des Pferdes den Reiter trägt. Wenn dies der Fall wäre, könnte man ein untrainiertes Pferd, bei dem die Rückenmuskulatur noch nicht entsprechend ausgebildet ist, gar nicht reiten. Tatsächlich übernimmt das Knochengerüst mit seinem Bänder- und Sehnenapparat den Hauptteil der Tragarbeit. Die Muskulatur unterstützt die Tragfähigkeit lediglich. Je besser die Muskulatur jedoch ausgebildet ist, desto besser kann sie den Knochen-, Sehnen- und Bänderapparat unterstützen und diesen somit vor frühzeitigem Verschleiß schützen.

vor fliegende Galoppwechsel möglich sind und das Training danach ausgerichtet wird, ist ein entsprechendes Aufbautraining erforderlich, zu dem beispielsweise Seitengänge mit entsprechendem Schenkelgehorsam zählen.

Die Basisarbeit des Westernpferdes ist der Grundstock für jede weiterführende Lektion im Aufbautraining. Die Basiselemente werden deshalb auch beim fortgeschrittenen Pferd in der Aufwärmphase ständig wiederholt, um das Tier für die schwierigen Lektionen geschmeidig zu machen. Das Basistraining und die dazugehörigen Übungen dienen demnach der Vorbereitung aufs Aufbautraining, speziell aber der hierfür notwendigen Gymnastizierung.

Direkte Biegung und Stellung

Eine unverzichtbare Übung für jeden Westernreiter und sein Pferd ist die direkte Biegung. Sie dient sowohl der Gymnastizierung als auch dem Reiten von Bogen und Kurven. Dabei sorgt die direkte Biegung dafür, daß sich das Pferd ausbalanciert und schließlich jegliches Manöver im Gleichgewicht absolvieren kann. Die direkte Biegung ist somit eine der wichtigsten Übungsaufgaben für das Westernpferd. Sowohl ein junges als auch ein vollständig ausgebildetes Pferd wird im Training immer wieder mit der direkten Biegung konfrontiert. Man begegnet ihr in den verschiedensten Ausbildungsabschnitten, wobei das Zirkeltraining eines der wichtigsten Elemente ist.

Die direkte Biegung stellt die Vorstufe zur späteren Versammlung

Die impulsartig einwirkende, direkte Zügelhand weist dem Pferd den Weg nach innen.

dar, weil sie für die Balance und die Nachgiebigkeit auf horizontaler Ebene verantwortlich ist. Nur ein lateral nachgiebiges und geschmeidiges Pferd kann letztendlich auch einem Zügeldruck in der Vertikalen folgen. Für gymnastizierende Elemente und Übungen, die die Steuerung des Pferdes betreffen, wird man außerdem immer wieder auf die direkte Stellung zurückgreifen.

Die Ausführung der direkten Biegung

Das Westernpferd wird in der Basisausbildung mit der direkten Biegung in eine Wendung gelenkt. Damit kann der Reiter sein Pferd in Kurven und Bogen reiten. Hierzu ist es erforderlich, daß der Vierbeiner einem seitlichen Zügelzug mit der Nase nachgibt und dabei auch mit der Schulter und dem restlichen Körper in diese Richtung folgt. Um das Pferd nicht aus dem Gleichgewicht zu werfen und um ihm das Ziel der Übung zu verdeutlichen, ist eine korrekte Ausführung notwendig. Viele unzureichend ausgebildete Reiter verlieren beim Versuch, die direkte Biegung zu reiten, ihren korrekten Sitz und stören auf diese Weise die Balance des Pferdes. Durch falsche Gewichtseinwirkung des Reiters gehen der Takt und das Gleichgewicht verloren, so daß es dem Pferd nicht mehr möglich ist, seiner Nase zu folgen.

Entscheidend für eine korrekte Ausführung der direkten Biegung sind hauptsächlich die Körper- und Handposition des Reiters sowie die Intensität seiner Einwirkung über den Zügel. Aus der Grundposition des Sitzes mit aufgestellter Zügelfaust führt man die innere Hand seitlich nach innen, wobei der Handrücken nach oben zeigt. Die Zügelhand darf nicht nach hinten gezogen werden, weil man sich sonst im Oberkörper verwindet, die Schulter fallen läßt und in der Hüfte einknickt. Durch den nach oben zeigenden Handrücken bleibt der Ellenbogen und damit die innere Schulter automatisch in der korrekten Position. Würde die Handfläche nach oben zeigen, fiele die Schulter nach unten, und die Hüfte würde einknicken. Das Handgelenk darf nicht abgebogen werden, um eine korrekte Zügeleinwirkung zu ermöglichen.

Es wird nun ein leichter Kontakt zum Pferdemaul hergestellt. Ein minimaler Impuls löst durch den Gebißring des *Snaffle bit* einen Druck auf der gegenüberliegenden Maulseite des Pferdes aus, dem das Tier ausweicht und dadurch seine Nase nach innen nimmt. Sobald das Pferd nachgegeben hat, muß der Zügel unmittelbar gelockert werden, da ein dauerhafter Zug aufgrund der ausbleibenden Belohnung (Lösen des Drucks) unweigerlich Gegenzug auslöst. Das Pferd würde sich somit gegen den Zügeleinsatz wehren und nach außen drängen, statt dem Zügel nach innen zu folgen.

Die Vorgehensweise, den Zügel in Richtung eines imaginären Kreismittelpunkts zu führen und somit seitlich auf das Pferdemaul einzuwirken, hat den Vorteil, daß lediglich ein Druck auf der gegenüberliegenden Maulseite aufgebaut wird. Mit einem Druck auf Laden und Maulwinkel könnte das Pferd in dieser Phase nichts anfangen und wüßte darauf keine zufriedenstellende Reaktion. Es würde sich also eher gegen den Zügel wehren, als ihm zu folgen.

Es ist sehr wichtig, darauf zu achten, daß man keinen Dauerdruck auf das Pferdemaul ausübt, auch wenn man statt einer Wendung einen ganzen Kreis reiten möchte und hierzu eine dauerhafte Biegung erforderlich ist. Vielmehr gibt man immer wieder neue Impulse, um den Pferdekopf erneut in die gewünschte Richtung zu stellen. Der Kreisbogen besteht theoretisch aus sehr vielen geraden Teilstücken, die aneinandergereiht werden und somit eine Biegung ergeben. Je feiner die Zügelhilfe, desto häufiger sind Impulse möglich, weil der Abbiegewinkel flacher ist. Dafür wird aber die Reitlinie um so runder.

Reiten von Zirkeln

Bei der Zirkelarbeit handelt es sich um einen der wichtigsten Programmpunkte in der Ausbildung des Westernpferdes. Dabei zieht sich die Zirkelarbeit nicht nur durch das gesamte Basistraining, sondern hat auch bei der weiterführenden Aufbauarbeit ihren festen Platz. Das Reiten von Zirkellinien bringt dem Reiter eine Fülle von vorteilhaften Effekten, die bei der Ausbildung des Pferdes nützlich und notwendig sind.

Zunächst ist die Wirkung des Zirkeltrainings auf die Psyche des Pferdes vom reiterlichen Standpunkt aus recht nützlich. Da sich das Pferd auf einer Kreislinie bewegt, kommt es nach einer Runde stets am selben Fleck an. Mental gesehen kann das Pferd somit nicht davonlaufen. Obwohl sich das Tier ständig bewegt, ist die Umsetzung des Fluchtgedankens nicht möglich. Das Pferd wird somit ruhiger und »vergißt« zu fliehen. Besonders junge Pferde finden auf diese Weise Vertrauen zum Reiter und werden gelassener.

Die Zirkelarbeit dient außerdem zur Findung der Balance, die auf einer gebogenen Linie einfacher zu erlangen ist als auf einer Geraden. Das Pferd lernt, seinen Körper und den des Reiters auszubalancieren, indem es sich auf die Kreislinie einspurt. Das bedeutet, daß die Biegung der

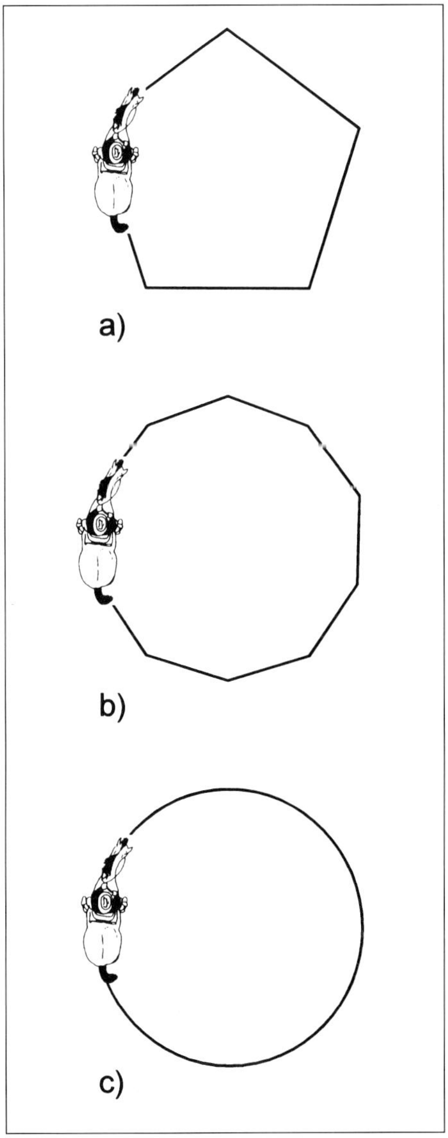

Direkte Biegung: das Einspuren des Pferdes
a) Um eine Dauereinwirkung aufs Pferdemaul zu vermeiden, gibt man wiederholte Impulse mit dem Zügel. Dadurch entsteht theoretisch ein Vieleck.
b) Im Laufe des Trainings verfeinert man die Zügelimpulse und nähert sich somit langsam einer Kreislinie.
c) Schließlich sind die Zügelimpulse kaum mehr sichtbar, und das Pferd ist auf die Kreislinie eingespurt.

Das Zirkeltraining ist ein wichtiges Element bei der Ausbildung und beim Training von Westernpferden.

Wirbelsäule mit der des Zirkels identisch ist und daß die Hinterhufe der Linie der Vorderhufe folgen.

Dieses Gleichgewicht ist dem Pferd nicht von Natur aus gegeben. Es ist für die Belange des Pferdes in freier Wildbahn nicht notwendig, sondern wird erst benötigt, wenn das Reitergewicht hinzukommt. Das Pferd versucht jedoch, das Gesamtgewicht auch unter dem Sattel zunächst seinen natürlichen Bewegungen entsprechend auszubalancieren. Das Ergebnis dieser Versuche ist ein Pferd, das sich verstärkt mit der Vorhand »abstützt« – mit den bekannten schädlichen Folgen.

Man wird feststellen, daß ein junges beziehungsweise untrainiertes Pferd sein Gewicht häufig über die Schulter schiebt. Läuft es beispielsweise nach rechts, wirft es den Kopf nach links und drückt sein Gewicht über die rechte Schulter in die gewünschte Richtung. Dieses Verhalten kann man vor allem auf der Weide beobachten, wenn sich die Pferde frei bewegen. Das gleiche geschieht bei einem untrainierten Pferd unter dem Sattel.

Die Aufgabe des Reiters ist es nun, das Pferd zunächst mit Übungen zur direkten Biegung einzuspuren und ins Gleichgewicht zu bringen. Hierzu reitet man auf der Zirkellinie. Dabei achtet man penibel darauf, daß die Nase des Pferdes in die Bewegungsrichtung nach innen zeigt und der gesamte Körper dieser Linie folgt. Es reicht in der Regel nicht aus, wenn man mit leichten Zügelimpulsen den Pferdekopf nach innen stellt, da das Pferd häufig versucht, dieser Stellung zu entgehen, indem es sein Gewicht über die innere oder äußere Schulter schiebt. Wenn dies der Fall ist, muß nun der Schenkel korrigierend eingreifen.

Fällt das Pferd über die innere Schulter zum Kreismittelpunkt hin aus, muß der innere Schenkel auf Gurthöhe Druck ausüben, um die Schulter in Position zu halten. Zugleich nimmt man die seitwärts weisende Zügelhand zum Mähnenkamm, um die Hals-/Schulterpartie mit dem Zügel zu blockieren und somit die korrekte Biegung aufrechtzuerhalten. Man muß darauf achten, daß man die Zügelhand deutlich hochnimmt, damit die Schulter angehoben wird und nicht nach innen fällt (siehe auch Seite 110).

Bricht das Pferd jedoch über die äußere Schulter aus, ist dies meist die Folge eines Reiterfehlers. Entweder hat der Reiter den Zügel zu abrupt angenommen und das Pferd somit aus der Balance gebracht, oder er hat damit nicht seitwärts, sondern nach hinten eingewirkt. Auf diese Weise verwirft sich das Pferd im Genick und gerät aus dem Gleichgewicht. Versucht das Pferd sein Gewicht trotz korrekter Einwirkung des Reiters über die äußere Schulter zu schieben (was beispielsweise passieren kann, wenn es an Artgenossen klebt oder zum Ausgang strebt), muß der äußere Schenkel das Pferd in Position halten. Zusätzlich kann man leichten Druck mit dem äußeren Zügel am Hals des Pferdes ausüben, wobei man aber darauf achten muß, daß man in keinem Fall auf das Gebiß einwirkt.

Die Volte

Die Volte wird mit Hilfe der gleichen Technik ausgeführt wie der Zirkel, allerdings mit dem Unterschied, daß die Biegung bei der Volte stärker ist. Somit ist es schwieriger, eine saubere Volte zu reiten als einen runden Zirkel.

Bei der Übung »Zirkel vergrößern« wird das Pferd mit dem inneren Schenkel über die Schulter geritten, wobei die direkte Biegung erhalten bleibt.

Beim Reiten einer Volte wird nun aber auch deutlicher ersichtlich, ob das Pferd korrekt gebogen auf der

STELLUNG UND BIEGUNG

Dem Reiter muß der Unterschied zwischen Stellung und Biegung klar sein, damit er ein effektives Training durchführen kann. Eine vermeintliche Biegung, die tatsächlich lediglich eine Stellung ist, kann nicht den gewünschten Trainingserfolg bringen.
Die Stellung bezieht sich auf die gebogene Kopf-/Halspartie des Pferdes vom Genick bis zum Widerrist. Hierbei bleibt der restliche Körper geradegestellt beziehungsweise er weist nicht dieselbe Biegung auf wie die Halswirbelsäule. Unter Biegung versteht man hingegen die gleichmäßig gebogene Haltung der Wirbelsäule des Pferdes vom Genick bis zum Schweifansatz.

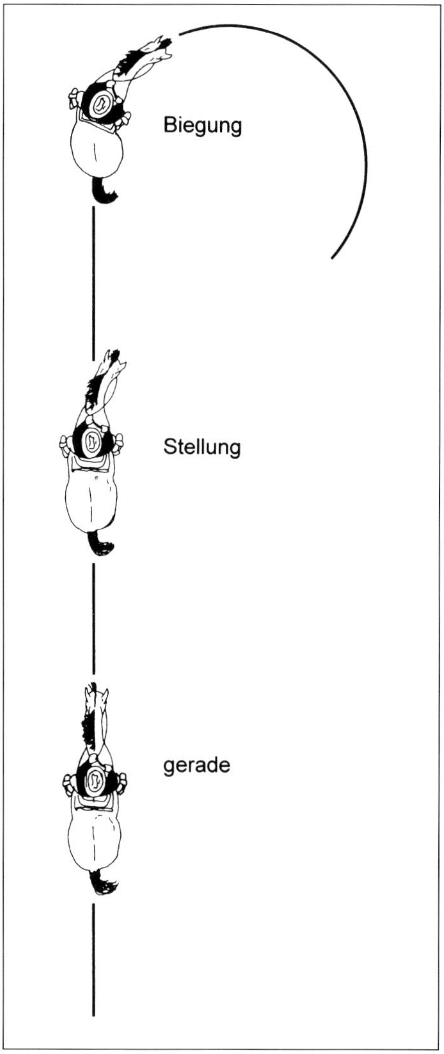

Stellung und Biegung

Kreislinie läuft oder ob nur der Kopf in die Bewegungsrichtung gestellt ist. Da die Biegung in einer Volte extremer ist als auf dem Zirkel, muß das Pferd auf den engen Kreisbogen vorbereitet werden, um das Gleichgewicht nicht zu verlieren. Dies gilt ganz besonders in den schnelleren Gangarten.

Hierzu stellt man den Pferdekopf bereits einige Meter vor dem Punkt, an dem man das Tier in die Volte lenken möchte, auf den engeren Kreisbogen ein, reitet aber noch auf der Zirkellinie weiter. Damit ist das Pferd in der Kopf-/Halspartie quasi überbogen. Um zu verhindern, daß es zu früh in die Volte einschwenkt, muß der innere Schenkel gegenhalten und das Pferd auf der Zirkellinie fixieren. Die innere Zügelhand bleibt ebenfalls am Mähnenkamm, um das Pferd zu blockieren. Erst wenn man an dem Punkt angekommen ist, an dem das Pferd eine Volte ausführen soll, öffnet man die Zügelhand nach innen und löst den Druck des inneren Schenkels. Somit schwenkt das Pferd auf die Voltenlinie ein.

Die richtige Biegung des gesamten Pferdekörpers erreicht man in erster Linie durch die jeweiligen Korrekturen mit den Schenkeln. Fällt das Pferd auf die innere Schulter, hebt man diese durch Höhernehmen der inneren Zügelhand an, die hierfür zum Mähnenkamm genommen wird, und unterstützt die Aktion mit dem inneren Schenkel. Driftet das Pferd hingegen nach außen, öffnet man die Zügelhand stärker nach innen und setzt den äußeren Schenkel entsprechend ein, um die Schulter wieder in Position zu bringen.

Die meisten Pferde bleiben auf der vorgegebenen Voltenlinie, wenn man sie zuvor korrekt stellt, die Zügelhand nach innen öffnet und mit dem äußeren Schenkel die Schulter begrenzt. Den letzten Viertelkreis der Volte – vor Einschwenken auf die Zirkellinie oder den Hufschlag – versuchen die Vierbeiner häufig ab-

DAS HANDLING DER ZÜGEL

Damit die Übungen zur direkten Biegung, aber auch zur nachfolgenden indirekten Biegung gelingen, ist eine korrekte Handhabung der Zügel unerläßlich. Viele Fehler entstehen durch eine mangelhafte Zügelführung.

Zunächst muß der Reiter darauf achten, daß er mit seinen Händen keinen Dauerzug ausübt. Prinzipiell gilt es, den Zügel langsam anzunehmen, aber schnell nachzugeben. Wenn man die Zügelfäuste leicht öffnet, gelingt das prompte Nachgeben besser. Grundsätzlich darf immer nur ein Zügel angenommen werden – niemals beide! Will man beispielsweise eine überbogene Stellung korrigieren, geschieht dies nicht dadurch, daß man den äußeren Zügel annimmt, sondern durch Lockern des inneren Zügels.

Es gibt zwei verschiedene Moglichkeiten, den Zugel anzunehmen. Entweder führt man die Zügelhand mit dem Handrücken nach oben zur Seite, oder man nimmt den Zügel – im Ellenbogen abknickend – hoch. Niemals jedoch darf man den Zügel am Körper vorbei nach hinten ziehen!

Häufig wird der Zügel auf falsche oder wirkungslose Weise eingesetzt, indem der Reiter im Handgelenk abknickt. Dadurch entstehen Verkrampfungen sowohl in der Hand als auch im Arm und möglicherweise sogar im gesamten Körper des Reiters. Das Handgelenk darf weder nach unten noch nach außen oder innen abgeknickt werden, sondern soll stets geradegerichtet und dabei locker bleiben.

Diese Fehler haben ihre Ursache oftmals darin, daß die Zügel falsch abgelängt wurden. Zu lange Zügel führen zu abgeknickten Handgelenken, und oft zieht der Reiter den Zügel dabei nach hinten am Körper vorbei. Bei zu kurzen Zügeln stört der Reiter sein Pferd mit ständigen Impulsen im Maul, streckt die Hände zu weit nach vorne oder zieht ununterbrochen an beiden Zügeln.

Bei der direkten Biegung verfallen viele Reiter dem Fehler, die äußere Zügelhand über den Mähnenkamm zu nehmen. Damit üben sie Druck auf die äußere Maulseite aus. Wenn der Zügel am Hals als Blockierung eingesetzt werden soll, geschieht häufig derselbe Fehler. Also: Niemals die Zügelhand über den Mähnenkamm auf die andere Halsseite des Pferdes führen!

zukürzen, indem sie sich über die innere Schulter frühzeitig aus der Biegung mogeln. Um die Spurtreue auch im letzten Viertel der Volte beizubehalten, muß der Reiter in der Regel die Zügelhand zum Mähnenkamm nehmen und den inneren Schenkel anlegen.

Um die Ausführung der Übung zu erleichtern, kann man sich mit

Sägemehl die Voltenlinie auf dem Boden vorzeichnen. Damit fällt es leichter, auf einer kreisrunden Spur zu bleiben. Erfahrungsgemäß gibt man dabei auch die Hilfen präziser, weil die Spur deutlich sichtbar ist und der Reiter jede Abweichung davon sofort und klar registriert.

Zirkel verkleinern und vergrößern
Um den Schenkelgehorsam zu verbessern, bieten sich Übungen wie das Verkleinern und Vergrößern des Zirkels an. Dabei bleibt das Pferd zunächst in der vorgegebenen Biegung auf der Zirkellinie. Durch Druck des äußeren Schenkels schiebt man die Schulter des Pferdes nach innen, womit man den Zirkeldurchmesser verkleinern kann. Ist eine Kreislinie erreicht, die der einer Volte entspricht, reitet man auf dieser Linie weiter, wobei das Pferd nun etwas stärker – der engeren Kreislinie entsprechend – gebogen werden muß.

Einfacher gestaltet sich das Vergrößern des Zirkels, bei dem man den inneren Schenkel einsetzt, um die Schulter des Pferdes nach außen zu schieben. Wie beim Voltentraining kann der am Hals angelegte Zügel eine zusätzliche Hilfe darstellen, um das Manöver zu unterstützen. Nachdem die größere Zirkellinie erreicht ist, darf man nicht vergessen, den Pferdekopf auf den größeren Radius einzustellen.

Schlangenlinien
Die Schwierigkeit beim Reiten von Schlangenlinien besteht darin, daß die Biegung ständig wechselt. Der Reiter ist deshalb gefordert, das Pferd jeweils von einer Richtung in die andere umzustellen. Das Wechseln der Biegung ist auch für das Pferd nicht einfach, da es hierfür schon gut durchgymnastiziert sein sollte. Je enger die Wendungen innerhalb der Schlangenlinie sind und je kürzer der Wechselbereich ist, desto schwieriger ist die Aufgabe zu reiten. Anfangs sollte man deshalb weite Bogen und einen langen Wechselbereich wählen.

Um das Pferd während des Wechselns der Biegung nicht aus der Balance zu bringen, ist es dringend notwendig, es geradezustellen, bevor es in die andere Richtung gestellt und schließlich gebogen wird. Es ist nicht möglich, von der Biegung auf einem rechtsherum gerittenen Kreisbogen sofort in die Linksbiegung zu wechseln, ohne daß sich das Pferd im Körper verwindet und aus dem Gleichgewicht gerät. Für kurze Zeit muß das Pferd deshalb geradegestellt werden, bevor es in die neue Richtung gebogen wird.

Man kann grundsätzlich zwei verschiedene Arten von Schlangenlinien reiten. Dazu stellt man mehrere Marker in einer geraden Linie hintereinander auf. Zunächst sind die Abstände verhältnismäßig groß. Nun ist es möglich, Schlangenlinien um die Markierungspunkte zu reiten und die Verbindungslinie zwischen den Punkten dabei jeweils im rechten Winkel zu überqueren. Beim Überqueren der Verbindungslinie stellt man das Pferd gerade, bevor es in die jeweils andere Richtung gebogen wird.

Einfacher ist es, die Verbindungslinie nicht im rechten Winkel, sondern schräg anzureiten, wodurch der nachfolgende Kreisbogen flacher geritten werden kann. Auch bei dieser Variante muß das Pferd über der Kreuzungslinie geradegestellt werden, wobei die Biegung des Pferdes hier nicht so extrem ist.

Halsgymnastik

Um das Pferd an die direkte Biegung über die Stellung des Halses heranzuführen und um es in der Halspartie flexibel zu machen, überbiegt man den Hals des Pferdes durch Einsatz des direkten Zügels. Die Übung kann man im Stand oder im Schritt ausführen. Vorerst sollte man beim stehenden Pferd üben, damit man sich allein auf die korrekte Zügeleinwirkung konzentrieren kann und auch dem Pferd der Sinn der Übung klar wird.

Man führt den Kopf des Pferdes mit Hilfe des direkten Zügels zu einer Seite. Die Zügelhand muß hierzu deutlich nach außen geführt werden, um einen seitlichen Druck auf der gegenüberliegenden Maulseite zu erreichen. Das Pferd weicht dem Druck aus und folgt mit dem Kopf der Zügelhand. Der Zügel darf nur sehr langsam und vorsichtig angenommen werden, damit das Pferd mit seiner Hinterhand nicht wegtritt oder mit dem Kopf versucht, gegen den Zügel zu ziehen. Bedächtig nimmt man den Zügel immer stärker an, um eine ausgeprägtere Streckung der äußeren Halsmuskulatur zu erreichen. Nachdem etwa eine 90°-Biegung erreicht ist, nimmt man die Zügelhand zum Körper und führt sie nach oben, um den Zü-

Um die Halspartie flexibel zu machen, überbiegt man den Hals des Pferdes mit dem direkten Zügel.

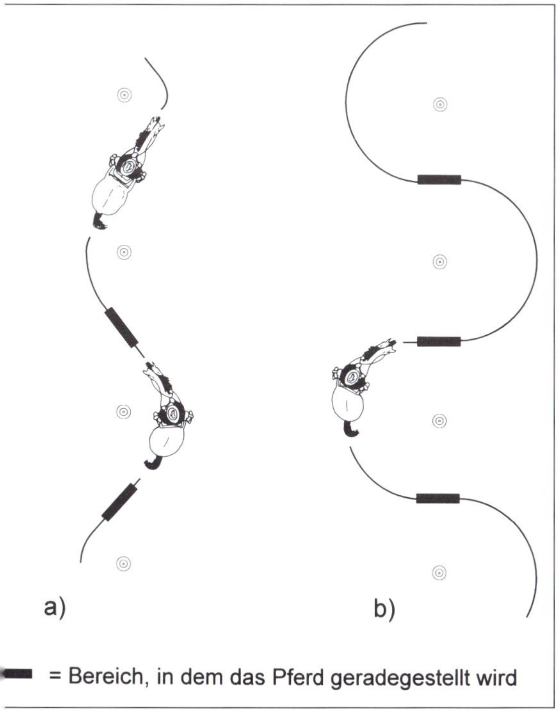

Schlangenlinien: a) Die Verbindungslinie zwischen den Markern wird im flachen Winkel gekreuzt. b) Die Verbindungslinie wird im 90°-Winkel überquert.

gel weiter zu verkürzen. In dieser Phase verwindet sich das Pferd leicht im Genick, da sein Maul nicht mehr seitwärts der Zügelhand folgt, sondern sich ebenfalls nach oben richtet. Diese extreme Stellung sollte man jedoch nur von einem fortgeschrittenen Pferd verlangen und auch dann nur kurzzeitig. Am Anfang reichen 90° bis 100° Biegung, später ist man zufrieden, wenn die Pferdenase das Bein des Reiters berührt.

Diese Übung wird auch Horizontalkontrolle genannt, da man damit die Kontrolle des Pferdekopfes auf horizontaler Ebene erlangen kann. Zudem trägt diese Übung zur Entwicklung eines sensiblen Mauls bei, da das Pferd lernt, dem Zügeldruck nachzugeben, und ihm dies durch den stark gymnastizierenden Effekt erleichtert wird.

Beim Training der Horizontalkontrolle muß man darauf achten, daß das Pferd auf jeden Zügelimpuls nachgibt. Erst wenn der Zügel wieder locker ist, besteht die Möglichkeit, einen neuerlichen Druck aufzubauen. Zwischen den einzelnen Impulsen stellt man die Zügelhand fest und wartet darauf, daß das Pferd dem Zügeldruck nachgibt. Zur Belohnung läßt man den Zügel anschließend vollständig locker. Die Biegung kann auf diese Weise langsam gesteigert werden. Tritt das Pferd bei der Horizontalkontrolle mit der Hinterhand weg, ist es noch nicht genügend gymnastiziert, um den Hals in der geforderten Weise zu biegen. Die Stellung ist dem Pferd unangenehm, und es versucht, dieser unbehaglichen Situation durch Wegtreten mit der Hinterhand zu entgehen.

Klappt die Aufgabe im Stand auf beiden Seiten, führt man sie auch im Schritt aus, wobei man nun darauf achten muß, daß das Pferd nicht mit der Schulter nach außen drängelt, damit eine optimale Dehnungsphase und Körperposition erreicht wird. Das Pferd muß deutlich mit dem äußeren Vorderbein nach innen übertreten. Die hochgenommene, innere Zügelhand verhindert, daß das Pferd dabei auf die innere Schulter fällt. Mit dieser Lektion wird nicht nur der Hals, sondern auch die Schulter- und Beinmuskulatur trainiert.

Ein- und Auswärtsstellung

Eine weitere gymnastizierende Übung, bei der der direkte Zügeleinsatz eine sehr große Rolle spielt, ist die Ein- und Auswärtsstellung. Das Wort »Stellung« sagt schon aus, daß der Hals des Pferdes – ähnlich wie bei der Horizontalkontrolle – stärker gebogen ist als der restliche Körper. Wie bei der vorbereitenden Stellung zur Volte muß auch hier der Schenkel den eigentlichen Reitweg bestimmen, weil das Pferd bei diesen Aufgaben nicht in die Richtung läuft, in die seine Nase zeigt.

Bei der Einwärtsstellung wird die Nase des Pferdes mit dem direkten Zügel nach innen gestellt, während man geradeaus beziehungsweise auf der ursprünglichen Zirkellinie weiterreitet. Der innere Schenkel sorgt in erster Linie dafür, daß das Pferd nicht nach innen fällt. Die Zügelhand bleibt am Mähnenkamm, um das Pferd mit dem Zügel zusätzlich am Hals zu blockieren.

Auf diese Weise läuft das Pferd nicht in die Richtung, in die seine Nase zeigt, womit klar wird, daß die

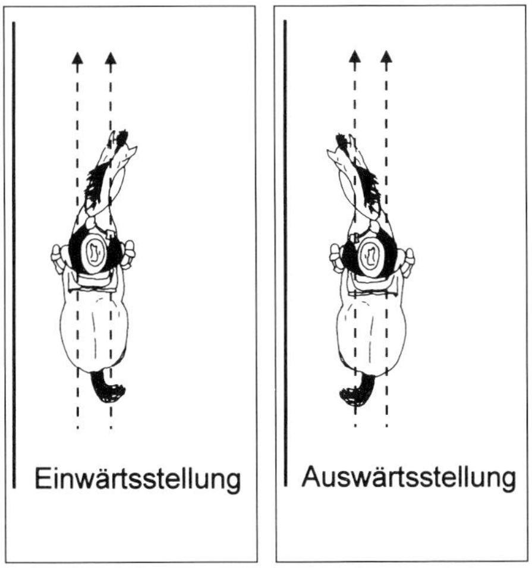

Steuerung des Pferdes nicht in der Stellung seines Halses, sondern stets in der Schulter liegt. Ein ausbalanciertes Pferd folgt mit seiner Schulter der Nase beziehungsweise seinem Hals. Der Reiter muß mit seinen Schenkeln jedoch immer die Kontrolle über die Schulter des Pferdes erlangen, um das Tier letztendlich in korrekter Biegung reiten zu können. Aus diesem Grund werden Übungen wie die Ein- und Auswärtsstellung geritten.

Die Auswärtsstellung ist – an der Bande entlang geritten – einfacher für den Reiter, weil die Reitbahnbegrenzung verhindert, daß das Pferd seiner Nase nachläuft. Der – in diesem Fall äußere – Schenkel muß dann kaum zum Einsatz kommen. Dieser ist aber um so mehr gefordert, wenn man die Auswärtsstellung auf der Zirkellinie reiten will. Da hierbei der Pferdekörper nicht mehr geradegestellt oder in derselben Richtung gebogen ist, sondern in entgegengesetzter Richtung, handelt es sich um eine indirekte Biegung (siehe Seite 109).

Die Wendung zur Bande

Die Auswärtsstellung zur Bande kann man mit einer zusätzlichen Lektion erweitern, die auch für die fortgeschrittene Trainingsarbeit des Westernpferdes vorteilhaft ist. Hierzu reitet man etwa zehn Meter weit in Auswärtsstellung an der Bande entlang, wobei der äußere (zur Bande gewandte) Schenkel das Pferd auf dem zweiten Hufschlag hält. Zugleich ist der äußere Zügel deutlich

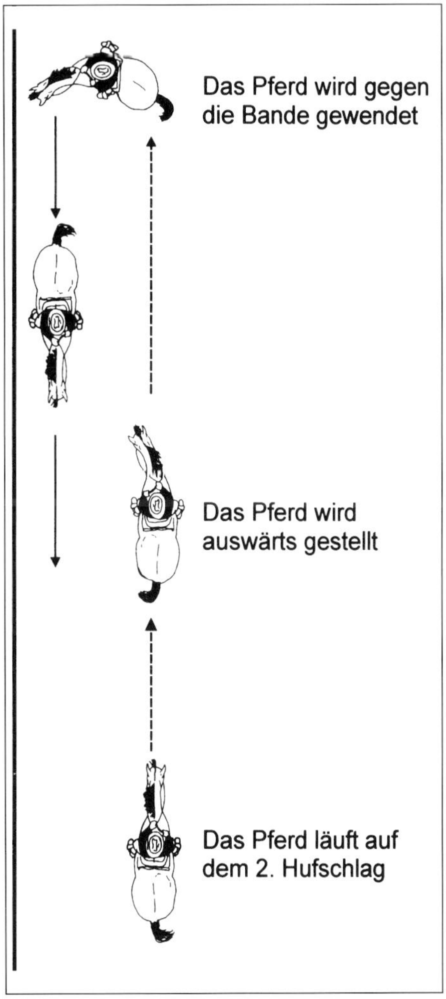

Die Wendung zur Bande

Bei der Einwärtsstellung wird die Nase des Pferdes nach innen abgestellt, während der Körper vom Widerrist bis zum Schweif gerade bleibt und das Pferd geradeaus weiterläuft.

Die Auswärtsstellung auf der Geraden: Das Pferd blickt nach außen, läuft aber geradeaus weiter.

am Pferdehals angelegt, um ein Wegdriften zur Bande zu verhindern. Ein- und Auswärtsstellungen sind für das Pferd schwieriger als die Bewegung mit geradegerichtetem Hals. Folglich wird das Tier jede Gelegenheit nutzen, seinen Hals wieder geradezustellen. Diesen Effekt macht man sich nun bei der Wendung zur Bande zunutze.

Nachdem man etwa zehn Meter in der Auswärtsstellung geritten ist – allerdings mit etwas Abstand zur Bande, um Platz für die anschließende Wendung zu haben –, nimmt man die äußere Zügelhand vom Pferdehals weg und öffnet sie, um dem Pferd den Weg in die neue Richtung freizumachen. Gleichzeitig wird der Druck mit dem ehemals äußeren (der Bande zugewandten), jetzt aber inneren Schenkel gelöst, der das Pferd auf gerader Spur gehalten hat. Statt dessen legt man nun den ehemals inneren (jetzt äußeren) Schenkel an und unterstützt diese Aktion zusätzlich mit dem am Hals angelegten äußeren (bisher inneren) Zügel. Daraufhin wendet das Pferd zur Bande. Da aber der Pferdekopf von Anfang an in die Bewegungsrichtung gestellt war und die Bande eine Vorwärtsbewegung blockiert, wird das Tier vor der Begrenzung eine Wendung machen, bis es nach 180° in die entgegengesetzte Richtung weiterläuft.

Das Pferd kann somit *ohne Zügeleinwirkung aufs Maul* schnell und sauber gewendet werden, wobei es stets im Gleichgewicht bleibt und vor allem lernt, dabei seine Vorhand zu heben und das Hauptgewicht auf die Hinterhand zu verlagern. Der Hinterhandeinsatz kann zusätzlich forciert werden, wenn man das Pferd deutlich aus der Wendung heraustreibt. Lenkt man das Pferd im Schritt in das Manöver, darf es ruhig im Trab oder sogar im Galopp aus der Wendung herauskommen. Zumindest aber soll es schneller aus der Wendung herauslaufen als es hineingegangen ist.

Auf eine saubere Ausführung ist mehr Wert zu legen als auf die Geschwindigkeit. Deshalb wird man die Lektion im Schritt beginnen und erst bei routiniertem Bewegungsablauf die Geschwindigkeit steigern. Letztendlich läßt sich die Übung sogar im Galopp reiten, wobei das Pferd während der Wendung den Galopp wechseln muß. Hierzu sind jedoch viel Übung und ein bereits besonders gut ausbalanciertes Pferd notwendig. Die Wendung zur Bande im Galopp darf man aber nicht mit dem *Roll back* verwechseln, dem ein Stop vorausgeht und bei dem das Pferd nicht wendet, sondern auf der Hinterhand dreht.

Die indirekte Biegung

Bei der indirekten Biegung ist das Pferd in Hals und Körper zur einen Seite gebogen, wobei es jedoch in die entgegengesetzte Richtung läuft. Das Pferd bewegt sich also beispielsweise nach links, während seine Nase nach rechts gerichtet und sein gesamter Körper ebenfalls nach rechts gebogen ist. Das Tier muß bereits sehr gut auf den Schenkel reagieren, um die indirekte Biegung ausführen

Um die Kontrolle über die Schulter zu verbessern, wird das Pferd über die Schulter geschoben. Dabei tritt es mit den Vorderbeinen über.

zu können. Man darf die indirekte Biegung nicht mit der Auswärtsstellung verwechseln, bei der das Pferd nur in Kopf und Hals nach außen gestellt und mit dem Körper geradegerichtet beziehungsweise der Reitlinie entsprechend gebogen ist.

Im vorherigen Abschnitt wurde erklärt, daß die direkte Biegung zur Findung der Balance wichtig ist. Das Pferd soll letztendlich seiner Nase nachlaufen, anstatt sein Gewicht über die Schulter zu schieben, wie es dies von Natur aus tut. Wozu soll nun die indirekte Biegung dienen? Verstärkt sie nicht das Bestreben des Pferdes, sein Gewicht über die Schulter nach außen zu schieben beziehungsweise über die innere Schulter auf die Vorhand zu fallen? Das Gegenteil ist der Fall: Genau um

IN DER SCHULTER LIEGT DIE STEUERUNG

Es kann nicht oft genug wiederholt werden, daß die Kontrolle der Pferdeschulter für den Reiter enorm wichtig ist, weil er über die Schulter das gesamte Pferd steuern kann. In die Richtung, in die sich die Schulter bewegt, folgt auch der gesamte Pferdekörper, ganz unabhängig davon, wohin der Kopf zeigt. Somit sind Ein- und Auswärts stellungen sowie indirekte Biegungen möglich. Dadurch wird außerdem deutlich, daß das Pferd primär über die Schenkel und nur sekundär über die Zügel steuerbar ist.

dies zu vermeiden, übt man nicht nur die direkte, sondern auch die indirekte Biegung. Da es dem Pferd leichter fällt, sein Gewicht über die Schulter zu schieben – was in der indirekten Biegung notwendig ist –, erwartet man, daß das Tier dies nun nach Aufforderung durch den Schenkel tut. Auf diese Weise erlangt man die Kontrolle über die Schulter. Sobald man dies erreicht hat, ist man nicht nur in der Lage, die Schulter mit dem Schenkel wegzuschieben, sondern kann folglich das Pferd auch daran hindern, über die Schulter auszufallen.

Über die Schulter reiten

Um eine indirekte Biegung zu erreichen, muß das Pferd nicht nur den Kopf in die entsprechende Richtung stellen, sondern auch der Körper muß entgegen der Reitlinie gebogen sein.

Man beginnt die Übung am besten, indem man als Ausgangsposition die Auswärtsstellung wählt. Reitet man der Bande entlang, kann man sich gut daran anlehnen. Läuft das Pferd in Auswärtsstellung, baut man mit dem äußeren Schenkel verstärkten Druck auf, damit das Pferd infolgedessen nicht mehr nur auf der Geraden bleibt, sondern über die Schulter wegtritt und somit einen Kreisbogen in die der Blickrichtung entgegengesetzte Richtung beschreibt.

Dem Pferd fällt es relativ leicht, die Hinterhand »nachhängen« zu lassen, wodurch die indirekte Biegung unterstützt wird. Dennoch sollte es mit der Vorhand aktiv bleiben. Zudem muß es mit der Vorhand deutlich übertreten, um in dieser Stellung dem Schenkel weichen zu können. Dadurch erreicht man eine starke Gymnastizierung und Flexibilität des Schulterbereichs.

Im fortgeschrittenen Stadium ist es möglich, ganze Zirkel und später sogar Volten in der indirekten Biegung zu reiten. Dabei ist es wichtig, daß der Schenkeldruck des Reiters zum richtigen Zeitpunkt eingesetzt wird, damit das Pferd diesem weichen und korrekt übertreten kann. Das Pferd ist nur in der Lage, sein Bein seitwärts zu setzen, wenn es abgefußt hat. Das bedeutet, daß der Schenkeldruck immer dann eingesetzt werden muß, wenn das Pferd mit dem betreffenden Bein gerade abfußt. Steht der Huf hingegen am Boden, ist es dem Tier nicht möglich, dem Schenkeldruck mit diesem Bein

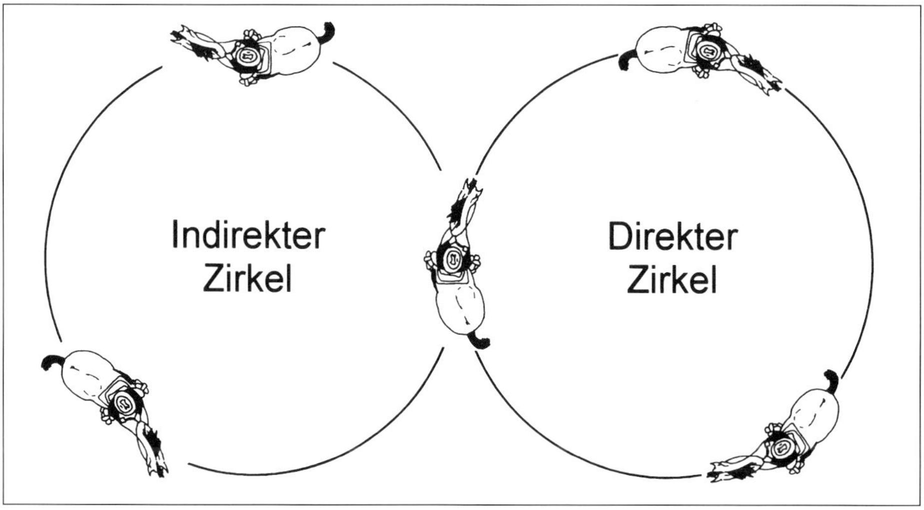

Auf dem direkten Zirkel ist das Pferd der Bewegungslinie entsprechend gebogen. Beim Übergang auf den indirekten Zirkel bleibt die bisherige Biegung erhalten, und das Pferd bewegt sich nun entgegen der Biegungsrichtung.

zu folgen. Eine Schenkelhilfe wäre zu diesem Zeitpunkt sinnlos. Aus diesem Grund ist es auch wichtig zu wissen, welches Bein das Pferd im Moment abgehoben hat und welches es belastet. Der Reiter muß also die Schrittfolgen der Gangarten kennen, die bereits auf Seite 83 beschrieben wurden.

Gleiche Biegung – andere Richtung
Das Pferd wird im weiterführenden Training vermehrt auf dem Zirkel geritten. Dabei wird es mit auswärtsgestelltem Kopf nur dann auf der Zirkellinie in indirekter Biegung bleiben, wenn es bereits gut auf den Schenkel reagiert und diesem mit der Schulter in die entgegengesetzte Richtung weicht. Die Vorderbeine müssen bei dieser Gegenbewegung deutlich überkreuzen, was einen besonders guten gymnastizierenden Effekt hat. Diese Übung ist darum auch relativ anstrengend für das Pferd, so daß man die Auswärtsstellung nicht länger als eine Zirkelrunde beibehalten sollte.

Man kann nach einer Runde die Stellung des Pferdehalses beispielsweise von rechts nach links wechseln. Besser ist es jedoch, die gewählte Rechtsstellung des Kopfes beizubehalten und dafür das Pferd in einen Rechtszirkel zu lenken, wobei das Tier nun korrekt auf die Zirkellinie eingestellt ist. Somit läßt sich eine Achterfigur reiten, wobei sich die Stellung des Pferdehalses nicht ändert, wohl aber die Reitrichtung. Diese Aufgabe hat einen sehr hohen Stellenwert, was die Gymnastizierung des gesamten Pferdekörpers und das Training des Schenkelgehorsams betrifft.

Die Handkontrolle

Um das Westernpferd auf weiterführende Aufgaben vorzubereiten, muß der Reiter das Pferd vollstän-

SENSIBILISIERUNG GEGENÜBER DEN REITERHILFEN

Von Natur aus reagiert zunächst jedes Pferd anders auf eine äußere Einwirkung durch den Reiter. Manche Pferde sind sehr sensibel und antworten auf einen leichten Druck bereits mit zwei oder drei Schritten zur Seite, während andere eine deutliche Aufforderung benötigen, um sich überhaupt zu bewegen. Grundsätzlich wünscht man sich ein Pferd, das fein, aber nicht hypersensibel auf die Hilfen reagiert. Um die angestrebte Sensibilität zu erreichen, muß man überreagierende Pferde eher etwas weniger empfindsam machen – sie also durch häufige Wiederholung an den Druck gewöhnen – und unempfindliche Pferde besser sensibilisieren.
Wie beim Aussacktraining gewöhnt man übersensible Pferde durch wiederholte leichte Berührungen an den Schenkel. Dieser Fall ist aber eher die Ausnahme, meist sind die Tiere dem Schenkeldruck gegenüber abgestumpft, ganz besonders dann, wenn sie falsch geritten wurden. Ein abgestumpftes Pferd kann man sensibilisieren, indem man den Schenkeldruck langsam aufbaut, ihn also immer stärker werden läßt, bis das Pferd darauf reagiert. Sobald es im Begriff ist, dem Schenkel wie gewünscht zu weichen, wird der Druck zur Belohnung sofort und vollständig gelöst. Beim nächstenmal wird das Pferd bereits früher reagieren, weil es weiß, daß es belohnt wird, wenn es gehorcht. Erfahrungsgemäß ist es dabei für den Reiter am schwierigsten, den Druck früh genug zu lösen. Bleibt der Druck länger als nötig bestehen, erreicht man nicht die gewünschte Wirkung, sprich Sensibilität des Pferdes (siehe auch Seite 37 ff.).

dig kontrollieren können. Das Pferd kann bestimmte Manöver nur ausführen, wenn ihm die Voraussetzungen dafür gegeben werden. Der Reiter muß es also zunächst in die richtige Position bringen. Das setzt voraus, daß er sowohl die Vor- als auch die Hinterhand einzeln steuern kann. Dem Reiter sollte es sogar möglich sein, jedes Pferdebein separat zu dirigieren. Dies erfordert eine exakt abgestimmte, genau dosierte und zeitlich präzise Hilfengebung mit Stimme, Schenkeln, Gewicht und Händen. Das Pferd muß seinerseits lernen, die Hilfen korrekt umzusetzen. Es muß gehorsam gegenüber dem Druck der Reiterschenkel sein und sensibel auf Gewichts- und Zügelhilfen reagieren.

Die Hinterhandwendung

In jeder Reitweise ist man bestrebt, das Gesamtgewicht von Reiter und Pferd verstärkt auf die Hinterhand zu verlagern, um die schwächere Vorhand zu entlasten. Deshalb sind fast alle Manöver in der Westernreitweise so aufgebaut, daß die Hinterhand zum Tragen des Hauptgewichts herangezogen wird. Für die Drehlektionen wie *Spin*, *Pivot* oder

Nach ausreichender Gymnastizierung sollte der Kopf bei der Hinterhandwendung leicht in die Bewegungsrichtung gestellt werden.

Ist dem Pferd die Hinterhandwendung zur Routine geworden, kann man die Geschwindigkeit erhöhen und mehrere Drehungen in Folge ausführen.

Roll back ist die Hinterhandwendung die notwendige Basis. Mit ihr kann man in erster Linie die Kontrolle und Hebung der Schulter sowie die Fixierung der Hinterhand am Boden erreichen. Die Hinterhandwendung wird außerdem in ihrer reinen Form vor allem in Trail- und Horsemanshipaufgaben gefordert, kann aber im Alltag ebenfalls sehr nützlich sein. Sie gehört deshalb zur Standardausbildung jedes Westernpferdes.

Kennt das Pferd den seitwärtstreibenden Schenkel noch nicht, wird man das Training der Hinterhandwendung zunächst vom Boden aus beginnen. Seitlich zum Pferdekörper stehend, übt man mit einem Finger zunächst einen leichten Druck auf die Schulter des Pferdes aus. Diesen verstärkt man langsam, bis das Tier dem Druck ausweicht. Der Finger verweilt an der Stelle und folgt dem Pferdekörper nicht. Somit ist gewährleistet, daß der Druck sofort gelöst wird, sobald das Pferd reagiert hat. Hat der Vierbeiner verstanden, mit den Vorderbeinen einen Schritt zur Seite auszuweichen, verlagert man den Druckpunkt langsam nach hinten, bis man die Stelle am Gurt erreicht hat, an der später vom Sattel aus der Schenkel einwirkt. Mit der zweiten Hand kann man die Bewegung mit leichtem Druck am Pferdehals unterstützen.

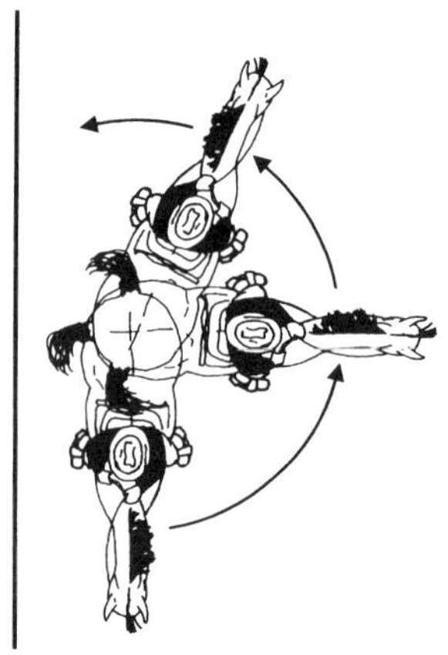

Hinterhandwendung

Vom Sattel aus belastet man zunächst das innere Hinterbein, das als Drehpunkt fungieren soll. Durch die Gewichtsbelastung des Reiters fällt es dem Pferd schwerer, dieses Bein anzuheben. Es verlagert deshalb sein Gewicht verstärkt auf dieses Bein, womit die Gliedmaße fixiert ist. Der äußere Schenkel übt nun leichten Druck am Gurt aus. Zugleich führt man die Zügel leicht in die Bewegungsrichtung, bis der äußere Zügel am Pferdehals anliegt und die Drehrichtung verdeutlicht. Tritt das Pferd nun mit der Vorderhand einen Schritt seitwärts, löst man den Schenkeldruck und lobt das Tier. Meistens versuchen unerfahrene Pferde dem Schenkeldruck nach vorne auszuweichen. Dies kann durch leichtes Annehmen der Zügel (nicht ziehen!) verhindert werden. Geht das Pferd allerdings rückwärts, war die Zügelblockade vermutlich zu deutlich beziehungsweise der Reiter hat am Zügel gezogen.

Die Gewichtsverlagerung auf das Drehbein genügt oftmals nicht, um die Hinterhand stationär zu halten. Stellt man den Pferdekopf zu stark in die Bewegungsrichtung, wird das Pferd unweigerlich mit der Hinterhand wegtreten. Wird der Pferdekopf jedoch entgegen der Bewegungsrichtung gestellt, fällt das Tier häufig auf die Vorhand und dreht die Kruppe zur anderen Richtung weg. Sobald der Pferdekörper gebogen ist, tendiert das Pferd dazu, mit der Hinterhand auszubrechen. Deshalb ist es ratsam, den Körper und den Hals des Tieres bei dieser Übung geradezustellen. Später – wenn das Pferd genügend gymnastiziert ist und die Geschwindigkeit erhöht wird – kann der Kopf leicht in die Bewegungsrichtung gestellt werden.

Benutzt das Pferd das äußere Hinterbein als Drehpunkt, muß es mit dem inneren Hinterbein jeweils nach hinten treten. Die Vorderbeine überkreuzen dann häufig nach hinten anstatt nach vorne. In diesem Fall ist eine Tendenz zur Rückwärtsbewegung vorhanden. Der Zügel muß darum gelockert und dem Pferd die Möglichkeit gegeben werden, nach vorne zu überkreuzen. Oft hilft auch eine leichte Stellung des Pferdes entgegen der Bewegungsrichtung, um den inneren Hinterfuß zu fixieren und ein Vortreten des äußeren Beinpaars zu forcieren. Allerdings wird bei der Stellung des Pferdekopfes nach außen die innere Schulter frei, so daß das innere Vorderbein häufig zu weit nach vorne tritt. Damit kann das übertretende Bein nur noch hinter dem inneren Vorderbein kreuzen. Man muß also manchmal etwas experimentieren, in welcher Stellung die Hinterhandwendung am erfolgreichsten absolviert werden kann. Ist man unsicher, bleibt das Pferd stets geradegestellt.

Die Hinterhandwendung sollte zunächst nur für wenige Schritte gefordert werden. Jeder Schritt ist einzeln herauszureiten, um die Technik zu perfektionieren. Ist in dieses Manöver schon Routine eingekehrt, kann man mehrere Schritte aneinanderreihen, bis schließlich mehrere Drehungen in Folge möglich sind.

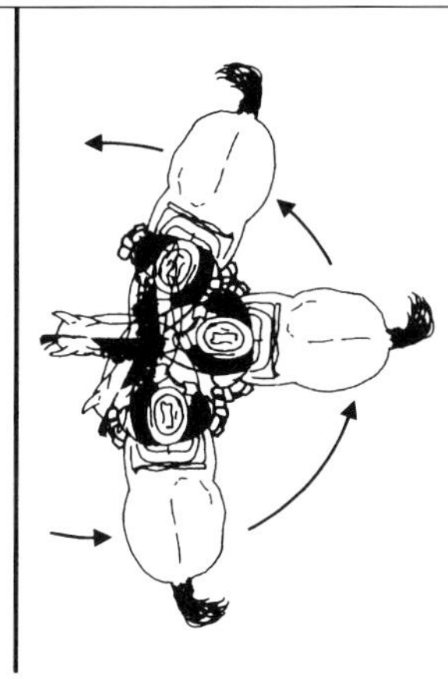

Vorhandwendung

Die Vorhandwendung

Die Wendung um die Vorhand spielt fast ausschließlich im Trailparcours eine Rolle. Da bei dieser Übung die Vorhand stärker belastet wird, wird ihr weniger Bedeutung beigemessen als der Hinterhandwendung. Dennoch ist die Vorhandwendung wichtig, weil sie die Grundlage für weiterführende Lektionen ist. Insbesondere macht sie die Hinterhand des Pferdes steuerbar, was beispielsweise für das korrekte Angaloppieren und für sämtliche Seitengänge nützlich und notwendig ist.

Wie bei der Hinterhandwendung wird auch mit der Vorhandwendung vom Boden aus begonnen. Der Fingerdruck wird an der Hinterhand angesetzt, damit diese seitwärts tritt. Langsam wandert der Druck mit dem Finger über die Flanke zum Bauch des Pferdes vor – etwa zwei Handbreit hinter der normalen Treibposition am Gurt. Hier wird später auch der Schenkeldruck eingesetzt. Nimmt man den Pferdekopf leicht zu sich heran, fällt es dem Pferd leichter, mit der Hinterhand auszuweichen.

WARUM IST DIE HINTERHANDWENDUNG SCHWIERIGER?

Beim Training von Vor- und Hinterhandwendungen wird man feststellen, daß den Pferden die Vorhandwendung fast immer leichter fällt als die Wendung um die Hinterhand. Dies hat einen bestimmten Grund: Das Pferd trägt von Natur aus zwei Drittel seines Gesamtgewichts mit der Vorhand. Nur ein Drittel belastet die Hinterhand. Deshalb ist es für das Pferd einfacher, die Hinterhand zu entlasten und damit um die Vorhand zu wenden als umgekehrt. Bei der Hinterhandwendung muß das Tier sein Gewicht zuerst verstärkt auf die Hinterhand verlagern, um mit den Vorderbeinen herumtreten zu können.

Unter dem Sattel belastet man zunächst das innere Vorderbein, da dieses als Drehpunkt fungieren soll. Der Pferdekopf zeigt leicht nach innen, und der innere Schenkel baut etwas zurückversetzt einen sanften Druck auf, um die Hinterhand wegzuschieben. Damit das Tier mit der Vorhand nicht nach innen fällt und somit wegtritt, nimmt man den inneren Zügel an den Pferdehals, um die Schulter zu blockieren. Wie die Hinterhandwendung, so muß auch die Vorhandwendung Schritt für Schritt trainiert werden, bis der Ablauf sitzt.

Die Drehung um die Mittelhand

Trainingstechnisch ist es besser, entweder eine saubere Hinterhand- oder eine Vorhandwendung zu reiten, um sicherzugehen, daß die Hilfen exakt eingesetzt werden. Eine Mittelhandwendung ist aber in manchen Alltagssituationen notwendig und kann auch auf dem Turnier gefordert werden. Hierbei vermischen sich die Hilfen zur Vor- und Hinterhandwendung, das Pferd dreht sich also um die Mittelhand.

Die Mittelhandwendung wird korrekt ausgeführt, wenn der Reiter sich quasi um die eigene Achse dreht. Er beschreibt im Gegensatz zur Vor- und Hinterhand des Pferdes keinen Kreis, sondern bleibt stationär. Für eine Mittelhandwendung nach links dreht sich die Vorhand zur linken Seite, während zugleich die Hinterhand nach rechts schwenkt. Es wird somit eine Vorhandwendung nach rechts mit einer Hinterhandwendung nach links kombiniert. Das Pferd bleibt dabei geradegestellt. Es ist zwar möglich, den Kopf des Pferdes leicht in die

Im Stangenquadrat ist eine Drehung um die Mittelhand erforderlich.

Bewegungsrichtung zu stellen, wodurch der Vierbeiner besser mit der Hinterhand wegtreten kann. Dies provoziert aber meist eine verstärkte Drehung auf der Vorhand, und die Hinterhandwendung bleibt im Ansatz stecken.

Eine Mittelhandwendung ist dann gut gelungen, wenn man möglichst wenig Platz dafür benötigt. Dies wird vor allem deutlich, wenn man eine 360°-Drehung in einem Stangenviereck reitet, was eine häufige Turnieraufgabe in der Traildisziplin ist. Zu Übungszwecken ist es sinnvoll, jeweils abwechselnd zunächst einen Schritt mit der Vorhand, dann einen mit der Hinterhand zu fordern. Erst wenn das gut funktioniert, kann man beides gleichzeitig verlangen, so daß das

Pferd eine Mittelhandwendung zeigt. Das Zusammenspiel der Hilfen muß perfekt sein, um das Pferd in der Mittelhand stationär zu halten.

Das Gewicht des Reiters bleibt bei der Mittelhandwendung zentral – exakt über dem Schwerpunkt des Pferdes. Will man eine Mittelhandwendung nach links ausführen, wird der äußere, rechte Zügel am Pferdehals angelegt, die innere Zügelhand kann – je nachdem, wie stark der Pferdekopf in die Bewegungsrichtung gestellt wird – leicht geöffnet werden. Der rechte Schenkel drückt am Gurt die Vorhand nach links, während der linke Schenkel zurückversetzt die Hinterhand nach rechts dirigiert.

Beim Two track bewegt sich das Pferd in einer Abstellung von 45° auf zwei Spuren seitwärts-vorwärts.

Läßt man das Pferd zu häufig eine Mittelhandwendung ausführen, kann es sein, daß es bei der Vor- und Hinterhandwendung nicht mehr stationär auf der Stelle tritt. Diese Gefahr besteht um so mehr, je ungenauer die Hilfengebung ist. Deshalb ist es notwendig, die Hilfen exakt und bedächtig einzusetzen, um letztendlich jedes Bein einzeln kontrollieren zu können.

Seitengänge und Two track

Da das Pferd nun bereits gelernt hat, seine Vor- und Hinterhand unabhängig voneinander durch den seitwärtstreibenden Schenkel dirigieren zu lassen, ist auch die gleichzeitige Steuerung der Vor- und Hinterhand in die gleiche Richtung möglich. Damit können im Prinzip alle Seitengänge trainiert werden.

Seitwärtsgänge sind nicht nur für die Gymnastizierung des Pferdes notwendige Lektionen, sondern stellen auch die Vorarbeit zum späteren fliegenden Galoppwechsel dar. Entscheidend für den fliegenden Wechsel ist die Hinterhandkontrolle mit den Schenkeln, die überwiegend durch Seitengänge erreicht werden kann.

Der *Two track*

Die vorbereitende Übung zu allen Seitwärtsgängen ist der *Two track* oder das Schenkelweichen, wie die Lektion in der englischen Reitweise heißt. Der Two track zählt im Prinzip noch nicht zu den »klassischen« Seitengängen, weil das Pferd nicht in die Bewegungsrichtung gestellt ist. Trotzdem findet eine mehr oder weniger starke Seitwärtsbewegung

DER GEWICHTSEINSATZ BEI SEITENGÄNGEN

Bewußt wurde bei der Beschreibung der Hilfen für die Seitwärtsgänge bislang die Gewichtshilfe weggelassen. Gerade bei unerfahreneren Reitern führt der Versuch, eine Gewichtshilfe zu geben, oft dazu, daß sie in der Hüfte einknicken und ihren korrekten Sitz aufgeben. Außerdem bestehen unterschiedliche Meinungen darüber, ob das Gewicht in Bewegungsrichtung oder in entgegengesetzter Richtung eingesetzt werden soll. Erfahrungsgemäß reagieren die meisten Pferde besser, wenn man sie in den Seitwärtsbewegungen mit dem Gewicht quasi vor sich herschiebt, also entgegen der Bewegungsrichtung einsitzt. Bei Seitengängen ist es für das Pferd schwieriger, unter den Gewichtsschwerpunkt zu treten als dem Gewicht auszuweichen. Deshalb hat es sich bewährt, den Pferderücken mit der linken Gesäßhälfte zu belasten, wenn das Pferd seitwärts nach rechts treten soll.

Als lernender Reiter ist es sinnvoll, sich bei den Seitengängen keine Gedanken über den Einsatz seines Gewichts zu machen. Denn wenn Zügel- und Schenkelhilfen korrekt eingesetzt werden, ergibt sich die richtige Gewichtshilfe im Laufe des Trainings meist automatisch.

det. Sonst würde das Tier sehr wahrscheinlich mit der Hinterhand ausbrechen oder mit der Vorhand weglaufen. Funktioniert das Seitwärtstreten entlang der Bande, kann man es nun auch ohne Anlehnung an eine Begrenzung versuchen. Der Zügel muß hierzu anstehen, um zu verhindern, daß das Pferd nach vorne wegtritt. Auf keinen Fall darf man dabei aber am Zügel ziehen! Geht das Pferd sicher seitwärts, kann man es nun auch quer über eine Stange treten lassen. Der Schwierigkeitsgrad kann bei Trailpferden noch erhöht werden, indem man später über eine erhöhte Stange oder über Strohballen seitwärts reitet.

Traverslektionen

Die folgenden Lektionen haben für die Gebrauchsreiterei im Westernreiten zwar keinen Wert, sie dienen aber der wesentlichen Verbesserung der Geschmeidigkeit und Durchlässigkeit des Pferdes. Die exakte Ausführung der verschiedenen Übungselemente ist entscheidend für den Erfolg. Vorbereitende Aufgaben zum Travers, der hier zu erarbeitenden Ziellektion, sind Schulterherein und Kruppeherein. Beide Übungen haben gemeinsam, daß das Pferd vom Kopf bis zum Schweif gleichmäßig gebogen ist.

Beim Schulterherein tritt die Vorhand über, die Hinterhand hingegen läuft geradeaus, und der Kopf zeigt nicht in die Bewegungsrichtung. Durch die Biegung des Pferdekörpers in Verbindung mit einer geraden Bewegung tritt das Pferd in drei Bahnen: Von vorne betrachtet, sieht man von außen nach innen das äußere Hinterbein, dann das äußere Vorderbein auf einer Linie mit dem inneren Hinterbein und schließlich das innere Vorderbein.

Der Travers kann am besten über das Kruppeherein entwickelt werden. Hier wird sich herausstellen, ob das Pferd genügend schenkelgehorsam ist, da es dem Schenkel weichen muß, obwohl der Kopf in dieselbe Richtung gestellt ist, um eine gleichmäßige Biegung zu gewährleisten. Das noch nicht genügend gymnastizierte Pferd ist bemüht, der Biegung zu entgehen, indem es den Kopf auf die andere Seite nimmt, also die Stellung aufgibt, oder eben dem Schenkel nicht gehorcht.

Sowohl im Schulterherein als auch im Kruppeherein können folgende Reiterfehler zu einer ungenügenden Ausführung führen: Wenn der Reiter das Pferd zu stark stellt, ist eine gleichmäßige Biegung des gesamten Pferdekörpers nicht möglich. Vielmehr »fällt das Pferd aus«, die Körperbiegung ist sogar schwächer als sie bei korrekt gestelltem Kopf wäre. Eine Verwerfung im Genick erlaubt keine Rippenbiegung. Die Verwerfung wünscht man sich bestenfalls bei der Halsgymnastik (siehe Seite 105), da der Körper hierbei geradegestellt bleiben soll, um das Wegtreten mit der Hinterhand zu unterbinden. Bei sämtlichen Biegeübungen jedoch wirkt sie auf den gesamten Übungsablauf hemmend. Zu schnelles Annehmen des Zügels oder starkes Ziehen kann die Verwerfung hervorrufen beziehungsweise fördern. Auch das Ziehen der Zügel über den Mähnenkamm, eine zu hohe Zügelführung oder das Verdrehen des Oberkörpers forcieren die Verwerfung im Genick. Verstärkt seitwärtsweisende Zügelimpulse können dem Verwerfen im Genick vorbeugen.

Der Travers wird über das Kruppeherein entwickelt und fördert die Geschmeidigkeit und Durchlässigkeit des Pferdes. Das Pferd blickt dabei immer in die Bewegungsrichtung.

Für die korrekte Ausführung des Kruppeherein schiebt der äußere, relativ stark zurückgesetzte Schenkel die Kruppe vom Hufschlag herein. Der innere Zügel sorgt für die Biegung im Pferdehals und blockiert die Schulter, damit die Biegung im gesamten Pferdekörper erreicht wird. Man kann bei Bedarf auch unterstützend den inneren Schenkel am Gurt einsetzen, so wie es die englische Reitweise lehrt. Wichtig ist, daß eine Biegung des gesamten Körpers erreicht wird, ansonsten ergibt sich lediglich ein Schenkelwei-

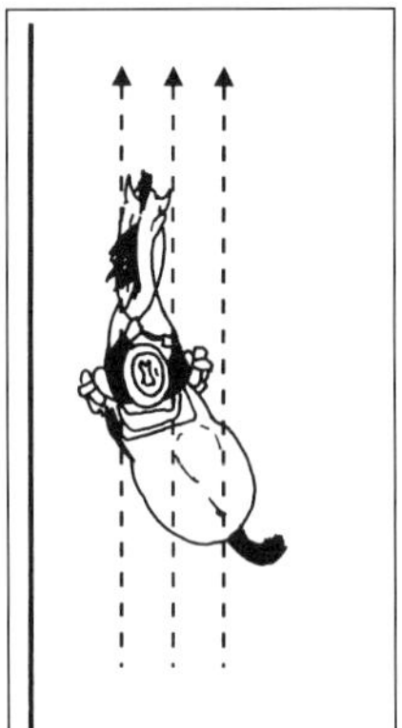
Kruppeherein

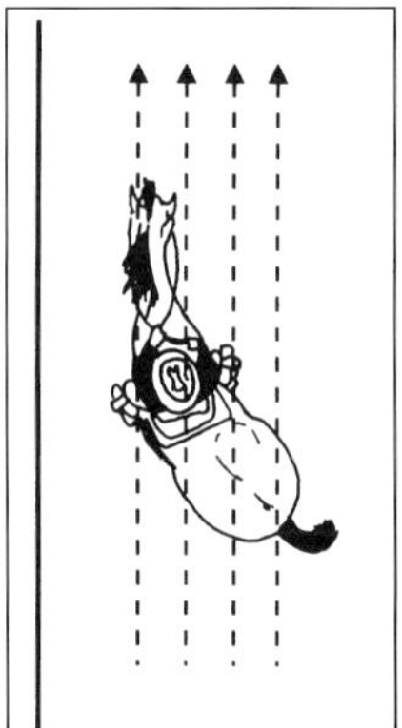
Travers

chen, bei dem der Pferdekörper nicht gebogen ist.

Wie bei der Übung Schulterherein läuft das Pferd auch beim Kruppeherein nun auf drei Spuren. Die Vorderbeine laufen beim Kruppeherein nahezu geradeaus, während die Hinterbeine deutlich überkreuzen. Beim Schulterherein ist es umgekehrt.

Verstärkt man nun die Abstellung der Kruppe nach innen, müssen auch die Vorderbeine überkreuzen, und das Pferd läuft letztlich auf vier Spuren. Diese Lektion nennt man Travers. Die Abstellung der Kruppe von der Bande beträgt etwa 30°. Man kann den Travers auch aus der direkten Biegung in einer Ecke oder aus der Volte entwickeln, indem man dem Pferd mit zurückgesetztem äußerem Schenkel nicht erlaubt, seine Biegung beim nachfolgenden Geradeausreiten aufzugeben.

Die Vertikalkontrolle

Die lose Zügelführung wird von vielen Pferdefreunden als typisch für die Westernreitweise angesehen. Der locker geführte Zügel war bei vielen auch mit ein Grund, zum Westernreiten zu wechseln, weil ihnen ein ständig anstehender Zügel (der nur allzu schnell zum Ziehen verleitet) beim konventionellen Englischreiten zuwider war. Den meisten gefällt ein in natürlicher Selbsthaltung gehendes Pferd besser, denn der Vierbeiner kann freier und ungezwungener arbeiten.

In der modernen Westernreiterei hat sich der zumindest zeitweise anstehende Zügel aber mittlerweile durchgesetzt, vor allem, weil die Turnierpferdeausbildung ohne jede Anlehnung – sprich ohne Zügelhilfe über das Maul – nicht auskommt. Jede höherwertige Ausbildung verlangt ein gewisses Maß an Versammlung, sowohl in der klassischen Reiterei als auch in der Westernreitweise. Auch wenn für den geländereitenden Westernreiter die sogenannte »natürliche Versammlung« des Pferdes ausreicht, muß jedes Westernpferd so ausgebildet werden, daß es einem Zügeldruck weicht. Dies ist sowohl für die spätere stärkere Versammlung (siehe Seite 143 ff.) als auch für eine bessere Kontrolle des Pferdes insgesamt notwendig. Die Vorübung hierzu ist die sogenannte Vertikalkontrolle, bei der das Pferd lernt, auf eine Zügeleinwirkung hin im Genick nachzugeben – ähnlich wie es auch einem Schenkeldruck ausweicht. Die Vertikalkontrolle stellt aber noch keine Versammlung dar. In die Versammlung ist der gesamte Pferdekörper einbezogen, die Vertikalkontrolle betrifft nur den Kopf des Pferdes.

Voraussetzungen

Bei der direkten Biegung (siehe Seite 97) sowie beim Stellen des Pferdekopfes für bestimmte gymnastizierende Lektionen hat das Pferd bereits gelernt, einem seitlichen Zügelimpuls nach rechts oder links nachzugeben. Dieser Vorgang wird als Horizontalkontrolle bezeichnet. Nun soll dem Tier beigebracht werden, auf ein Annehmen der Zügel nicht mehr zur Seite, sondern nach unten/hinten auszuweichen. Dabei müssen beide Zügel eingesetzt werden, was bisher – bei der horizontalen Kontrolle – abgelehnt wurde.

Um einem Zügeldruck auf vertikaler Ebene nachgeben zu können, muß die Halsmuskulatur über die Horizontalkontrolle bereits trainiert worden sein. Außerdem soll das Pferd das Gebiß schon während der Aufgaben zur direkten und indirekten Biegung gut angenommen haben, es genügend einspeicheln und mit der gewählten Zäumung einen zufriedenen Eindruck machen. Die Vertikalkontrolle kann auch mit einer gebißlosen Zäumung, die auf die Nase wirkt, durchgeführt werden. Bewährt hat sich allerdings ein Trensengebiß, das in Form und Material den Bedürfnissen des Pferdes entspricht. Mit einem Hebelarmgebiß – sei es ein *Snaffle with shanks* oder ein einfaches *Bit* – erreicht man aufgrund der auf die vertikale Nachgiebigkeit ausgerichteten Wirkungsweise zwar sehr schnell das gewünschte Ergebnis, allerdings reagieren die Pferde dann auf die Wirkung des *Snaffle bit* nicht mehr sensibel genug. Die Vertikalkontrolle kann bei solchen Pferden mit einem Trensengebiß nicht mehr erreicht werden. Deshalb ist die Entwicklung der vertikalen Kontrolle mit einem *Snaffle bit* empfehlenswert, während man mit dem Übergang zum Hebelarmgebiß bis zum Aufbautraining warten sollte.

Die Halsform des Pferdes hat einen nicht zu unterschätzenden Einfluß auf die Qualität der Ausführung. Pferde mit kurzen, dicken Hälsen und klobigen Köpfen tun sich schwer damit, im Genick abzukippen. Man muß sich bei diesen Pferden manchmal schon damit zufriedengeben, wenn sie nur wenige Zentimeter ausweichen. Häufig muß auch ein stärkerer Druck aufgebaut werden, was wiederum das Abstumpfen im Maul begünstigt.

Lange Hälse sind ebenso problematisch, weil sich diese Pferde im Hals gerne aufrollen oder verwerfen. Ideal sind ein mittellanger, eher schlanker Hals und ein trockener Kopf mit genügend Ganaschenfreiheit.

Eine korrekt ausgeführte Vertikalkontrolle ist für die spätere Entwicklung der Versammlung sehr bedeutungsvoll. Die richtige Ausführung liegt allein in den Händen des Reiters – im wahrsten Sinne des Wortes. Eine gut geschulte Hand ist die Voraussetzung dafür, daß man das Pferd dazu veranlassen kann, mit seinem Kopf auf leichten Druck des Zügels im Genick abzukippen.

Formen der Durchführung

Pferde sind im Maul sehr empfindlich und versuchen sich deshalb gegen einen Druck zu schützen. Dies geschieht in der Regel zunächst dadurch, daß sie sich ihrerseits gegen den Zügel stemmen. Da die Einwirkung des Zügels primär auf die Maulwinkel und Laden stattfindet,

Vertikalkontrolle: Das Pferd sollte einem Zügeldruck willig nachgeben, indem es im Genick abkippt.

wird das Pferd den Kopf nach oben und vorne nehmen, also entgegen der Zugrichtung des Zügels. Das deutlichste Zeichen hierfür ist ein ausgeprägter Unterhals, da der untere Halsmuskel angespannt werden muß, um den Kopf zu heben.

Das Ziel des Reiters muß es also sein, den Unterhals abzubauen und statt dessen die Oberhalsmuskeln zu dehnen und zu stärken, um letztlich die angestrebte Kopfhaltung zu erhalten. Dies ist aber nicht möglich, wenn der Reiter den Kopf des Pferdes einfach nach unten zwingt, da sich das Tier wehren und folglich die unerwünschte Haltung weiterhin trainieren wird. Hinzu kommt die Abstumpfung des Pferdes im Maul. Irgendwann hätte der Reiter nicht mehr genügend Kraft, um den Pferdekopf nach unten zu ziehen. Ist dieser Fall eingetreten, greift man schnell zu Hilfszügeln oder einem schärferen Gebiß. Der Übergang zum *Snaffle with shanks* oder zum *Bit* darf aber nicht erfolgen, weil das Pferd gegenüber der Trense abgestumpft ist, sondern nur aus anderen Motiven heraus. In einem gewissen Stadium des Trainings möchte man eine andere Wirkungsweise erzielen, oder man will das Pferd zu Turnierzwecken auf das *Bit* umstellen, weil Seniorpferde mit einem Hebelarmgebiß und einhändiger Zügelführung geritten werden müssen. Hat das Pferd gelernt, dem Trensenzügel nachzugeben, wird es noch feiner auf ein Hebelarmgebiß reagieren. Darum beginnt man stets mit dem *Snaffle bit*.

Will man dem Pferd beibringen, mit dem Kopf nachzugeben, darf man keinen Zug auf den Zügel ausüben. Unter einem Zug versteht man das Zurückziehen des Zügels. Selbst wenn das Pferd nachgibt, bleibt der Druck auf das Pferdemaul dann bestehen, weil man die Hand nach hinten nimmt. Das Tier erhält keine Belohnung, weil der Druck

Die Umstellung auf ein Hebelarmgebiß sollte erst dann erfolgen, wenn das Pferd die gesamte Ausbildung mit dem Snaffle bit durchlaufen hat.

nicht gelöst wird. Somit kann es diese Reaktion nicht als richtig erkennen und wird in Zukunft andere Möglichkeiten suchen, um sich vor dem Druck zu schützen.

Die Entwicklung der Vertikalkontrolle geschieht deshalb auf andere Weise. Der Reiter baut mit dem Zügel Druck im Pferdemaul auf, indem er den Zügel verkürzt und »feststellt«. Der kurze, anstehende Zügel übt Druck auf die Laden und Maulwinkel des Pferdes aus, es entsteht aber kein Zug. Wenn das Pferd mit dem Kopf nachgibt, löst sich der Druck beim feststehenden Zügel sofort. Das empfindet das Pferd als Belohnung, so daß es auch zukünftig nachgebend reagieren wird. Dies ist die einzig korrekte Methode, das Pferd zum Nachgeben im Maul zu veranlassen. Sobald das Pferd im Genick abkippt und der Zügel locker ist, muß man schleunigst mit der Hand nachgeben, weil das Pferd den Kopf nicht in der zuvor gefundenen Position halten, sondern ihn wieder nach vorne strecken wird. Es soll dies als Belohnung tun dürfen, um ihm zu verdeutlichen, daß die nachgebende Reaktion richtig war. Nach einer kleinen Pause stellt man den Zügel wieder fest und wartet, bis das Pferd im Genick nachgibt und von sich aus den Weg findet, um den Zügel zu lockern. Es bedarf einiger Wiederholungen, um das Nachgeben zu festigen. Schließlich reicht ein leichter Zügelkontakt, damit das Pferd im Genick abkippt.

Manche Pferde reagieren besser, wenn man – nach dem Feststellen

DER »SCHNELLE« WEG DAUERT LÄNGER

Durch den Einsatz eines Hebelarmgebisses kann man das Pferd schnell dazu bringen, im Maul nachzugeben, da die Wirkungsweise solcher Gebisse darauf ausgelegt ist. Auf diese Weise wird aber die Sensibilität des Pferdes, welche die Basis für die spätere Versammlung ist, nicht gefördert. Somit wird es notwendig sein, wieder zur Basisarbeit zurückzukehren, wenn man zu schnell vorgegangen ist. Die vollständige Ausbildung im Snaffle bit eröffnet dem Reiter später bessere Perspektiven.

Im fortgeschrittenen Ausbildungsstadium kann man die Vertikalkontrolle auch in höheren Gangarten durchführen.

der Zügel – die Zügelfaust leicht öffnet und schließt. Damit wird das Pferd daran gehindert, sich in Maul und Genick starr zu machen. Die sanfte Bewegung des Gebisses animiert das Tier zu einer Reaktion. In keinem Fall darf das Öffnen und Schließen der Zügelfaust mit dem Riegeln am Zügel verwechselt werden! Wenn der Reiter riegelt, bewegt er die Zügelhand abwechselnd nach vorne und hinten, es findet also ein wechselseitiger, harter Zug statt. Bei der richtig ausgeführten Vertikalkontrolle ist die Hand jedoch festgestellt und bewegt sich nicht von der Stelle. Lediglich die Finger spielen leicht mit den Zügeln. Gibt das Pferd nach, ist auch hier der Zügel sofort locker und belohnt das Tier für seine korrekte Reaktion.

Bei einer dritten Variante stellt man einen Zügel fest und gibt mit dem anderen durch Öffnen und Schließen der Zügelfaust leichte Impulse. Auch darauf reagieren viele Pferde recht gut. Man muß jedoch ausprobieren, auf welche Ausführungsform das jeweilige Tier besser anspricht. Durch häufiges Wiederholen sollte das Pferd immer sensibler reagieren, wobei später schon ein leichtes Höhernehmen der Zügelhand oder das Schließen der Faust ein Abkippen auslöst.

Grundsätzlich wird die Vertikalkontrolle zunächst im Stand geübt, schließlich im Schritt und erst später im Trab und Galopp. Man wird feststellen, daß das Pferd wesentlich größere Schwierigkeiten hat, dem Zügel in der Bewegung nachzugeben als im Stand. Das ist logisch, wenn man bedenkt, daß sich beim Vortreten der Beine auch die Schulter nach vorne schiebt, was ein Nachgeben im Genick zusätzlich erschwert. Doch durch viele gymnastizierende Übungen, vornehmlich über die Horizontalkontrolle, kann diese Schwierigkeit überwunden werden.

LANGSAM AUFBAUEN UND SCHNELL LÖSEN

Belohnungen und Bestrafungen sind dann effektiv, wenn sie unmittelbar und schnell erfolgen. Eine Hilfe kann dagegen nur begriffen werden, wenn sie langsam und behutsam aufgebaut wird. Somit gilt, daß jede Zügel- oder Schenkelhilfe mit sanftem Druck beginnt, der langsam gesteigert, aber sofort wieder gelöst wird, sobald das Pferd korrekt reagiert hat.

Gerade bei der Zügelhilfe ist das Nachgeben wesentlich wichtiger als das Annehmen, weil das Nachgeben immer Belohnung bedeutet, wogegen das Annehmen eines Zügels eine Aufforderung darstellt, der das Pferd nachkommen soll. Und hierfür benötigt es eine gewisse Umsetzungszeit, die man dem Tier zugestehen muß. Die Belohnung (Nachgeben) muß aber schnell und unmittelbar erfolgen. Deshalb heißt das Motto des Reiters: Druck langsam aufbauen, aber so schnell wie möglich lösen, wenn die gewünschte Reaktion stattfindet.

Die Geschwindigkeits-kontrolle

Reiten bedeutet, die vollständige Kontrolle über das Pferd zu erlangen. Dabei muß der Reiter es in allen seinen Bewegungen, in jedem seiner Schritte, in der Gangart, der Schnelligkeit und Form der Ausführung kontrollieren können. Dem ehrgeizigen, aber auch dem umsichtigen Reiter genügt es nicht, lediglich die Gangart seines Pferdes zu bestimmen, er will auch fähig sein, die Geschwindigkeit innerhalb einer Gangart zu steuern. Dies ist nicht nur für Turnierprüfungen (Reining) erforderlich, sondern steigert die Sicherheit von Reiter und Pferd auch beim Ausritt ins Gelände. Die *Speed control* ist der Beweis dafür, daß der Reiter sein Pferd in allen Situationen unter Kontrolle hat und es jederzeit stoppen oder die Gangart wechseln kann, wenn es die Lage erfordert. Das Training der *Speed control* trägt also in erster Linie dazu bei, das Pferd noch besser unter Kontrolle zu bekommen.

Das Treiben

Es gibt verschiedene Möglichkeiten, die Geschwindigkeit innerhalb einer Gangart zu erhöhen. Dem Pferd muß aber zunächst klar sein, ob die Hilfe des Reiters es zum Wechseln in die nächsthöhere Gangart oder lediglich zu einer Beschleunigung innerhalb einer Gangart auffordert. Deshalb ist es wichtig, stets präzise einzuwirken, damit keine Mißverständnisse entstehen. Nun wird auch klar, weshalb man im vorherigen Training beim Reiten der Grundgangarten (siehe Seite 86) Wert darauf legen muß, daß das Pferd auf eine bestimmte Reiterhilfe die Gangart wechselt und nicht nur die Geschwindigkeit erhöht. Jetzt soll das Pferd lernen, die Geschwindigkeit innerhalb jeder Gangart je nach Reiterwunsch aufzunehmen.

Prinzipiell bleibt der Reiter passiv, so lange das Pferd die gewünschte Gangart in der beabsichtigten Geschwindigkeit beibehält. Reitet man im Schritt, ist es eine Frage der Dosierung, ob das Pferd infolge eines Schenkeldrucks antrabt oder nur die Schrittgeschwindigkeit erhöht. Der beidseitige Schenkeldruck ist die einfachste treibende Hilfe, auf die das Pferd meist willig reagiert. Es ist jedoch wichtig, die Schenkelhilfen so einzusetzen, daß sie nicht abstumpfend auf das Tier einwirken, weil das Westernpferd sein Leben lang stets sensibel auf die Reiterhilfen ansprechen soll. Der klopfende Schenkel kommt deshalb nicht in Frage. Er wirkt zum einen abstumpfend, zum anderen nicht genau genug, so daß eine exakte Geschwindigkeitsabstufung unmöglich ist.

Der richtig eingesetzte Schenkeldruck muß weich beginnen und sich langsam steigern, bis das gewünschte Ergebnis erreicht ist. Dann jedoch muß der Druck sofort und schnell gelöst werden, um dem Pferd durch die anschließende Passivität mitzuteilen, daß die geforderte Geschwindigkeit den Vorstellungen des Reiters entspricht.

Aus dem Lager der Englischreiter weiß man, daß sie ihre Pferde im Schritt wechselseitig treiben. Dies ist durchaus auch für den Westernreiter sinnvoll, denn damit kann man die Hinterhand besser herantreiben und zur Aktivität auffordern, vorausge-

Die Geschwindigkeitskontrolle innerhalb einer Gangart muß ebenso Bestandteil des Trainingsprogramms sein wie der kontrollierte Gangartenwechsel.

setzt, man treibt im richtigen Moment. Der Schenkel wird in dem Moment an den Pferdekörper gelegt, in dem das gleichseitige hintere Bein abfußt. Durch den Druck gegen die Seite des Pferdes ziehen sich dessen Bauchmuskeln zusammen, und das Hinterbein tritt weiter vor. Somit erreicht man insgesamt längere Tritte, wodurch sich eine höhere Geschwindigkeit bei gleicher Schrittanzahl ergibt. Das Pferd tritt besser unter und ist bereit, sich zu versammeln.

Eine feine Art der Beschleunigung, die eine gewisse Sensibilität des Pferdes und gutes Timing des Reiters erfordert, ist die Treibtechnik mit Hilfe des Gesäßes. Dabei entlastet man den Rücken des Pferdes wechselseitig durch Heben des linken beziehungsweise rechten Gesäßknochens, kurz bevor das Vortreten des Hinterbeines den Reiter nach oben hebt. Diese Entlastung animiert das Pferd ebenfalls, mit dem jeweiligen Hinterbein weiter vorzugreifen, weil es leichter und schneller abfußen kann. Die Technik bedarf einiger Übung, wobei manche Pferde sehr gut auf diese Sitzhilfe reagieren, während sich andere weniger davon beeinflussen lassen.

Zum Schluß bleibt noch die Stimmhilfe zu erwähnen, die ein Pferd zum Schnellerwerden veranlassen kann. Obwohl die Stimme grundsätzlich enorm wichtig ist, kann man mit ihr das Pferd nicht immer so fein beeinflussen, daß verschiedene Geschwindigkeitsnuancen herausgeritten werden können. Das Pferd wird aufgrund seines Temperaments, seines momentanen Gehwillens und seiner physischen Verfassung nach seinen Vorstellungen beschleunigen, wenn der Reiter mit der Zunge schnalzt oder es anderweitig verbal zum Beschleunigen auffordert. Wertvoll ist die Stimmhilfe aber immer zur Unterstützung der Schenkel- oder Gewichtshilfe, so daß sie keineswegs völlig vernachlässigt werden sollte.

Das Ziel einer Tempobeschleunigung sollte immer ein verstärktes Untertreten der Hinterhand mit kurzzeitigem Bodenkontakt der Hufe sein. Das Pferd soll jeweils schnell abfußen, um anschließend weit vortreten zu können.

Tempo verlangsamen

Zur gesamten Kontrolle eines Pferdes gehört nicht nur die Beschleunigung, sondern auch das Zurücknehmen des Tempos innerhalb einer Gangart. Viele Reiter können ihre

Pferde nur abbremsen, wenn sie fest genug am Zügel ziehen. Der Zügelzug mag anfangs recht wirkungsvoll sein, allerdings sprechen mindestens zwei Gründe gegen den Einsatz des Zügels als »Bremsinstrument«. Zum einen wird das Pferd über die durch den Zügelzug zugefügten Schmerzen regelrecht gezwungen, das Tempo herabzusetzen, wobei man doch gerade in der Westernreitweise bestrebt ist, das Pferd zur Mitarbeit zu erziehen, statt es mit Gewalt zu etwas zu zwingen. Zum anderen stumpft das Pferd im Maul ab, wenn man am Zügel zieht. Man will jedoch über das gesamte Training des Westernpferdes erreichen, daß es stets sensibel dem Zügel weicht. Also ist das Ziehen am Zügel tabu.

So bleiben nur noch die Stimm- und Gewichtshilfen, um ein Pferd abzubremsen. Diese reichen normalerweise auch aus, wenn der Vierbeiner gehorsam dem Willen des Reiters folgt. Man bringt seinen Oberkörper leicht nach hinten und sitzt schwer im Sattel ein, um den Takt der Gangart zu blockieren. Ein sensibles Pferd wird darauf reagieren und das Tempo drosseln. Unterstützend kann man die Stimme einsetzen, die in langgezogenem, tiefem Ton eine Verlangsamung der Geschwindigkeit fordert. Reichen diese Hilfen nicht aus, muß eine Verstärkung der Hilfe etwas mehr Nachdruck verleihen. Hierzu kann zunächst die Stimme lauter werden, doch bei unaufmerksamen oder sturen Pferden wird man mit gutem Willen nicht durchkommen, vor allem dann nicht, wenn sie einen Energieüberschuß abzubauen haben oder aus anderen Gründen sehr temperamentvoll sind. Jetzt muß der Zügel doch eingesetzt werden,

DER SCHENKELDRUCK ALS GASPEDAL?

Manche Westernreiter trainieren ihre Pferde so, daß sie auf einen stärkeren Schenkeldruck schneller laufen, bei gleichbleibendem Druck das Tempo halten und bei Lösen des Drucks langsamer werden. Diese Technik ist mit dem Bedienen des Gaspedals beim Auto vergleichbar. Die Methode ermöglicht eine sehr gute Einstellung der Geschwindigkeit, allerdings kann der Reiter dies über längere Strecken aufgrund des ständigen Drucks mit den Schenkeln nicht durchhalten. Diese Vorgehensweise ist deshalb bestenfalls für den Turnierreiter in der Disziplin Reining sinnvoll, da in der Westerndressurprüfung die Speed control eine große Rolle spielt. Für die Reiter aller anderen Disziplinen sowie für den Freizeitwesternreiter, der nicht selten längere Strecken im Gelände zurücklegt, ist diese Form der treibenden Schenkelhilfen nicht sinnvoll. Es muß ständiger Druck ausgeübt werden, um die Gangart zu unterhalten. Hierbei arbeitet das Pferd nicht selbständig, womit sich diese Methode nicht unbedingt mit der Philosophie der Westernreitweise vereinbaren läßt.

Das Pferd tritt rückwärts, wenn der Reiter die Vorwärtsbewegung mit dem Zügel blockiert, das Gewicht nach hinten nimmt und das Pferd mit dem bekannten Stimmkommando zum Rückwärtstreten auffordert. Die Schenkel kontrollieren die Anzahl und Länge der Tritte.

führung nur noch mit den entsprechenden Hilfen unterstützt werden.

Vom Sattel aus macht man dem Pferd das Rückwärtsgehen auf folgende Weise begreiflich: Da das Pferd gelernt hat, unter den Schwerpunkt des Reiters zu treten, nimmt man das Gewicht nach hinten. Man sitzt – wie beim Stoppen beziehungsweise Verlangsamen – tief in den Sattel ein. Der Zügel steht an (nicht ziehen!), womit eine eventuelle Vorwärtsbewegung unterbunden werden kann. Das entsprechende Stimmkommando löst meist schon den ersten Schritt rückwärts aus. Nun kommen aber noch die beidseitig treibenden Schenkel zum Einsatz, um die Geschwindigkeit, Anzahl und Länge der Schritte zu bestimmen. Nur wenn der Reiter die Kontrolle darüber hat, ist er in der Lage, sein Tier beispielsweise im Trailparcours exakt durch Stangenhindernisse zu steuern.

Reagiert das Pferd auf die verbale Aufforderung nicht, setzt man die Schenkel ein und treibt es quasi gegen das Gebiß. Da der Zügel die Vorwärtsbewegung begrenzt und die Schenkel eine Seitwärtsbewegung blockieren, bleibt dem Pferd nur noch der Weg nach hinten offen. Gerade der Anfänger wird sich schwertun, den Zügel nur begrenzend, jedoch nicht ziehend einzusetzen. Man muß bedenken, daß ein ziehender Zügel Gegendruck verursacht. Sobald das Pferd also versucht, dem Zügel entgegenzugehen, ist dieser nicht richtig eingesetzt worden. Um der Versuchung zu widerstehen, am Zügel zu ziehen (was immer aus der Befürchtung heraus geschieht, das Pferd könnte nach vorne weglaufen), kann man sich damit behelfen, das Tier gegen einen Zaun oder die Reithallenbande zu stellen. Somit muß man nur noch verhindern, daß das Pferd nach links oder rechts wegläuft.

Sobald das unerfahrene Pferd einen Schritt zurück ausgeführt hat, läßt man es eine Pause machen. Ein bis drei Schritte genügen für das lernende Pferd. Verlangt man zu viel, wird es sich irgendwann weigern, überhaupt rückwärts zu gehen, weil es sich überfordert fühlt und Angst bekommt. Als Faustregel kann man sich merken, daß man immer einen Schritt weniger fordern darf, als das Pferd von sich aus anbietet. Will man mehr Schritte rückwärts reiten, müßte man auf Zwangsmittel zurückgreifen. Doch das muß man vermeiden, weil das Pferd dies als Strafe auffassen würde.

Gerade rückwärtsrichten
Ist dem Pferd die Bedeutung des Kommandos zum Rückwärtsrichten klar geworden, wird es stets willig der Aufforderung folgen, wenn es dieses Manöver nicht als Strafe kennengelernt hat. Ein Pferd, das ohne Widerstand rückwärtszurichten ist, beweist seinen Gehorsam, weil es sich beim Rückwärtsgehen auch um eine Unterwürfigkeitsgeste handelt.

Trotz guten Willens muß die Ausführung des Manövers nicht immer perfekt gelingen. Erforderliche Korrekturen sind bei keiner Aufgabe auszuschließen. Sehr häufig laufen die Pferde beim Rückwärtstreten schief, obwohl der Reiter gleichmäßig treibt und im Schwerpunkt sitzt. Woran liegt das, und was kann man dagegen tun?

Zum einen muß man wissen, daß jedes Pferd einseitig veranlagt ist. Eine mehr oder weniger schiefe Wir-

Der Hengst Tabanos Red Son tritt unter seiner Reiterin Petra Dürr beim Back up mit der Hinterhand stark unter und schreitet am losen Zügel fleißig rückwärts.

WENIGER FORDERN ALS DAS PFERD ANBIETET!

Es ist sinnvoll, dem Pferd immer einen Schritt weniger abzuverlangen, als es von sich aus anbietet. Damit erreicht man, daß das Pferd die Aufgabe immer willig ausführt und nicht versucht, sich zu wehren. Im Laufe der Zeit und mit zunehmender Sicherheit ist das Pferd bereit, immer mehr Schritte rückwärts zu gehen.
Doch woran erkennt man, wie viele Schritte das Pferd von sich aus anbietet? Falsch wäre, das Rückwärtsreiten erst einzustellen, wenn das Pferd signalisiert: »Jetzt reicht´s.« Grundsätzlich muß der Reiter immer schon vorher den Abbruch der Rückwärtsbewegung verlangen, sonst bestimmt das Pferd das Geschehen. Es ist reine Gefühlssache, die Anzahl der Schritte zu erkennen, die das Pferd rückwärts zu gehen bereit ist. Die meisten Reiter sind durchaus in der Lage, dies zu erkennen. Allerdings ist es schwer, aufzuhören, »wenn's am schönsten ist«, das heißt, wenn das Pferd gut und willig rückwärts geht. Wenn man das Ziel erreicht hat, nämlich daß das Tier fleißig rückwärts tritt, möchte man dies auskosten und überfordert das Pferd somit häufig. Zu früh aufzuhören ist niemals falsch, zu spät hingegen immer.

belsäule und die damit verbundene Einseitigkeit verhindert eine gerade Ausrichtung: Das Pferd tritt mit der Hinterhand seitwärts weg.

Zum anderen wird beim Rückwärtsgehen die Hinterhand relativ stark belastet. Das Pferd versucht dieser Anstrengung zu entgehen, indem es bevorzugt das schwächere Hinterbein unter dem Schwerpunkt herausschiebt, um es zu entlasten. Das Pferd weicht somit immer zur selben Seite aus.

Vor jeder Korrektur ist es sinnvoller, die Ursache des Fehlers zu ergründen, als lediglich die Symptome zu beseitigen. Die Arbeit an den Symptomen hat zum Ergebnis, daß man dem Problem dauerhaft nicht beikommen kann. Sicherlich wird man auf dem Turnier bestrebt sein, jeglichen Fehler sofort zu korrigieren, doch langfristig muß man über eine Ursachenbeseitigung nachdenken.

Aus dem Wissen um die Ursache des schiefen Rückwärtsgehens ergibt sich, daß man an der Gleichseitigkeit des Pferdes arbeiten muß, um langfristig ein geradliniges Rückwärtsrichten zu erreichen. Hierzu gehören das Einspuren des Pferdes, das sich am besten über die Zirkelarbeit erarbeiten läßt (siehe Seite 99), und die gleichmäßige Ausbildung beider Körperhälften, die durch regelmäßige Handwechsel und intensiveres Training der steiferen Seite realisiert werden kann.

Für die momentane Korrektur stehen dem Reiter zwei Möglichkeiten zur Verfügung, um die Hinterhand wieder in die Spur zurückzubringen. Die logische, aber schwierige und manchmal sogar fast unmögliche Methode besteht darin, die ausbrechende Hinterhand mit dem seitwärtstreibenden Schenkel in die Spur zurückzudrücken. Dies gelingt aus zweierlei Gründen nur selten: Ein Pferd kann ein belastetes Bein nicht zur Seite setzen. Nur ein Bein, das abgefußt hat, ist in der Lage, dem Schenkeldruck zu weichen. Da die Rückwärtsbewegung eine Schwerpunktverlagerung auf die Hinterhand bedeutet, ist diese stärker belastet und somit länger am Boden als die Vorhand. Deshalb ist es für das Pferd schwieriger, mit der Hinterhand seitwärts zu treten als mit der Vorhand.

Der zweite Grund liegt darin, daß sich das Pferd entgegen der momentanen Körperausrichtung biegen muß. Schiebt es die Hinterhand beispielsweise nach links, krümmt sich auch die Wirbelsäule entsprechend. Durch seine Einseitigkeit ist es für das Pferd also leichter, sich nach links zu biegen als nach rechts. Um das Pferd in die Spur zurückzubringen, müßte es nach rechts weichen, was ihm schwerfällt.

Für die sofortige Korrektur ist es demnach leichter, nicht die Hinterhand zu berichtigen, sondern die Vorhand. Bricht das Pferd mit der Hinterhand nach links aus, treibt man also nicht mit dem linken Schenkel die Hinterhand nach rechts zurück, sondern setzt den rechten Schenkel ein, um die Vorhand nach links zu drücken. Man spurt demnach die Vorhand auf die Hinterhand ein. Das ist relativ einfach zu bewerkstelligen, weil die Vorhand wenig belastet ist. Zudem bleibt dabei häufig die »natürliche Schiefe« (Wirbelsäulenkrümmung) erhalten. Somit geht das Pferd quasi in sich gebogen, aber auf gerader Spur

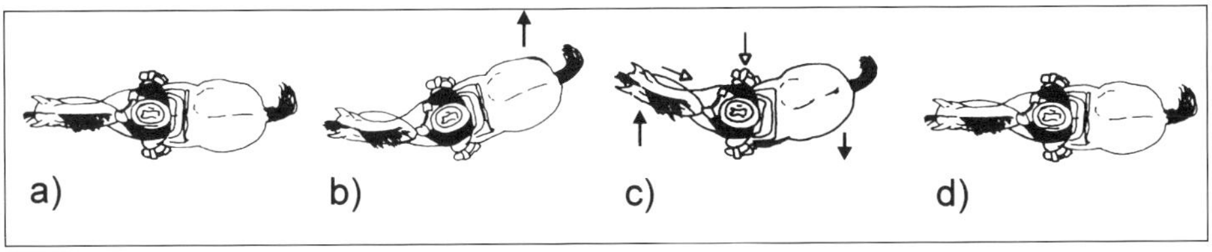

So korrigiert man schiefes Rückwärtsrichten:
a) Das Pferd wird rückwärtsgerichtet.
b) Es bricht mit der Hinterhand nach rechts aus.
c) Der Reiter korrigiert dies, indem er den Kopf des Pferdes nach rechts stellt und zusätzlich mit dem rechten Schenkel die Hinterhand nach links schiebt.
d) Daraufhin richtet sich das Pferd wieder gerade.

rückwärts. Turnierreiter, die von vornherein ein Ausbrechen der Hinterhand vermeiden möchten, stellen den Pferdekopf bereits vorsorglich in die Richtung, in die das Pferd bevorzugt mit der Hinterhand driftet. So erreichen sie, daß das Pferd auf gerader Spur rückwärts tritt. Langfristig gesehen muß aber an der Geschmeidigkeit des Pferdes gearbeitet werden, um es geradlinig rückwärtsrichten zu können.

Am losen Zügel

Das Rückwärtsrichten am losen Zügel sollte selbstverständlich sein. Für viele Reiter, die ihr Pferd mit dem Zügel rückwärts ziehen, ist dies aber immer noch ein Buch mit sieben Siegeln. Den Zügel beim Rückwärtsrichten nicht als Zwangsmittel zu gebrauchen, ist für den unerfahrenen Reiter schwierig, da es ihm unbegreiflich ist, wie er das Pferd ansonsten zum Rückwärtsgehen bewegen soll. Ist das Pferd jedoch korrekt angelernt worden und reagiert es gut auf den begrenzenden, anstehenden Zügel, kann man im Laufe des Trainings auf diese minimale Zügelhilfe auch ganz verzichten. Manche Pferde benötigen einen kurzzeitigen Kontakt, bevor die Rückwärtsbewegung einsetzt, dann kann und soll der Zügel aber deutlich nachgegeben werden.

Die Unterhaltung der Rückwärtsbewegung erfolgt durch die Gewichtsverlagerung nach hinten und den notwendigen Schenkeldruck für die Anzahl und Schnelligkeit der Schritte. Der Zügel allerdings ist lose. Das fortgeschrittene Pferd wird nun ohne Zügelkontakt aufgefordert, rückwärts zu treten. Die Gewichtsverlagerung sollte ausreichen, um dem Pferd das Manöver abzuverlangen. Der Schenkeldruck zur Erhöhung der Geschwindigkeit und Begrenzung der Schrittanzahl darf erst dann eingesetzt werden, wenn das Tier bereits in der Rückwärtsbewegung ist. Treibt man zu früh, wird das Pferd dies als vorwärtstreibende Hilfe auffassen und nach vorne weglaufen. Das Rückwärtsrichten ohne Zügel muß deshalb allein auf das Stimmkommando und die Gewichtsverlagerung hin erfolgen. Das Ziel des Reiters sollte es sein, das Rückwärtsrichten ohne Zügeleinsatz durchsetzen zu können. Das ist ein Schritt zur tatsächlich harmonischen Zusammenarbeit zwischen Reiter und Pferd.

Verfeinerte Basisarbeit

Beim Pferdetraining werden bereits erarbeitete Lektionen und Abläufe gefestigt, verbessert und weiterentwickelt.

Ein Westernpferd, das das Basistraining durchlaufen hat, kann schon sehr viel, für den verantwortungsbewußten Reiter aber noch nicht genug. Im Prinzip ist das in den Grundlagen ausgebildete Pferd gut kontrollierbar, man kann es in allen drei Gangarten reiten, stoppen, rückwärtsrichten und seitwärtsreiten. Es gibt auf Zügel- und Schenkeleinwirkung zufriedenstellend nach und geht auch im Gelände furchtlos über Stock und Stein. Was will man eigentlich mehr?

Der »Nur-Freizeitreiter« wird damit möglicherweise zufrieden sein. Diese Zufriedenheit ist aber häufig der Ausgangspunkt dafür, daß Pferd und Reiter nicht mehr besser, sondern kontinuierlich schlechter werden. Plötzlich stellen sich Probleme ein, die der Durchschnittsreiter möglicherweise nicht mehr lösen kann. Zufriedenheit ist der Feind jeglicher Ausbildung, wenn sie zum Anlaß genommen wird, das Training einzustellen. Das Training ist nämlich nicht nur zur Verbesserung einer Leistung notwendig, sondern auch, um die bisher erlangte Leistung zu erhalten. Deshalb ist ein fortwährendes Training vonnöten, um das einmal erreichte Niveau zu festigen. Die Verbesserung des Ausbildungsstandes hat nichts mit übertriebenem Ehrgeiz zu tun, denn das Training dient hauptsächlich dazu, die Gesundheit und Leistungsfähigkeit des Pferdes zu erhalten.

Ein gut durchtrainiertes Pferd ist länger gesund, weil seine Muskeln, Sehnen und Bänder gestärkt sind und somit einer höheren Belastung standhalten. Schon aus diesem Grund ist ein qualifiziertes Training für jedes Pferd sinnvoll.

Die Rittigkeit des Pferdes verbessern

Durch die Verwendung des Pferdes als Reittier wird der Bewegungsapparat auf unnatürliche Weise beansprucht. Das Basistraining dient in erster Linie dazu, diese erhöhte Belastung auszugleichen, indem der Körper des Pferdes auf die reiterlichen Anforderungen eingestellt wird. Je besser dies gelingt, desto leichter, einfacher und harmonischer wirken die Manöver des Pferdes. Doch selbst die Einwirkungen des Reiters gleichen einem Kinderspiel – die Harmonie zwischen Reiter und Pferd wird nach außen hin deutlich. Dieses Zusammenspiel von Reiter und Pferd, die sichtbare, leichte Handhabung des Tieres bringt schließlich die Freude am Reiten.
Man spricht dabei von der Rittigkeit eines Pferdes, die im weiterführenden Training nicht nur erhalten, sondern weiter verbessert werden soll.

Die Aufwärmphase

Jede Betätigung unter dem Sattel erfordert eine erhöhte Anstrengung des Pferdes, also eine sportliche Leistung. Dabei ist es vollkommen irrelevant, ob man in der Reitbahn bestimmte Manöver trainieren oder einen Ausritt ins Gelände genießen will. Jeder Trainingseinheit muß deshalb eine genügend lange Aufwärmphase vorangehen, um Verletzungen wie Zerrungen von Muskeln, Sehnen und Bändern vorzubeugen. Systematisch aufgebaute Muskeln ermöglichen es dem Pferd außerdem, bessere Leistungen zu erbringen.

Vor der eigentlichen Aufwärmphase muß die Muskulatur gelöst werden. Nur ein gelöster, lockerer Muskel kann warm werden und somit auf stärkere Belastungen vorbereitet sein. Die Dauer der Lösungsphase ist unterschiedlich. Boxenpferde benötigen in der Regel länger, bis sich ihre Muskeln gelöst haben, weil sie sehr bewegungsarm gehalten werden. Steht das Pferd lange, werden die Muskeln steif und hart. Eine ausgiebige Lösungsphase ist notwendig. Das Weide- und Auslaufpferd hingegen ist fast ständig in Bewegung. Somit kann die Lösungsphase möglicherweise schon nach ein paar Minuten abgeschlossen sein und das Aufwärmen der Muskeln beginnen.

Idealerweise reitet man durchschnittlich zehn Minuten im Schritt am hingegebenen Zügel, um die Muskulatur zu lösen. Abschnauben und Strecken des Kopfes zum Boden sowie vermehrtes Ausgreifen sind Anzeichen für gelöste Muskeln. Im Anschluß beginnt das eigentliche Aufwärmtraining. Das Aufwärmen der Muskeln bewirkt eine erhöhte Durchblutung, die durch die Beanspruchung des Kreislaufes erreicht wird. Dabei trabt man in ruhigem Tempo auf dem Zirkel oder ganze Bahn. Nach einigen Minuten ist ein Handwechsel angesagt, um beide Körperseiten gleichmäßig zu belasten und somit aufzuwärmen.

Sogenannte »heiße« Pferde reitet man immer im Trab ab, bis sie ihre überschüssige Energie abgebaut haben. Das zu frühe Galoppieren von solchen Pferden kann unkontrolliertes Ausbrechen oder Buckeln zur Folge haben. Man sollte in jedem Fall die Fütterung kontrollieren, wenn das Pferd in der Aufwärmphase zu »heiß« reagiert und stürmen will, weil in den meisten Fällen zu hohe Kraftfuttermengen verabreicht werden, die einen Energieüberschuß erzeugen. Das Ergebnis können nicht nur Temperaments-, sondern auch Muskel- und Verdauungsprobleme sein.

Einige Minuten im lockeren Trab sind normalerweise ausreichend, um schließlich in den Galopp überzugehen oder Übungen mit langsam steigenden Anforderungen zu absolvieren und somit ins eigentliche Trainingsprogramm einzusteigen. Die Aufwärmphase soll sich auch dem Trainingsprogramm, das für diesen Tag vorgesehen ist, anpassen. So kann man das Pferd durchaus auch nur im Schritt warmreiten, wenn Wendungen und Biegeübungen im Schritt auf dem Programm stehen. Die Anforderungen – der Biegungsgrad, die Geschwindigkeit oder die Genauigkeit innerhalb der Lektionen – sollten nur langsam gesteigert und verbessert werden, weil trotz entsprechendem Aufwärmtraining sonst Verletzungen die Folge sein können.

Zunächst stehen immer Übungen auf dem Plan, die das Pferd bereits gut beherrscht, bevor man zu neuen Lektionen übergeht oder den erreichten Schwierigkeitsgrad erhöht. Die Verbesserung eines Ablaufes kann nur gelingen, wenn man stets auch daran arbeitet, die Hilfen immer weiter zu verfeinern.

Das Pferd gegenüber den Hilfen sensibilisieren

Um zu erreichen, daß das Pferd immer sensibler auf die Hilfengebung des Reiters reagiert, muß man stets

Die Hilfengebung im richtigen Moment trägt dazu bei, das Pferd gegenüber den Hilfen zu sensibilisieren. Der Schenkeldruck ist dann effizient, wenn das Pferd das jeweilige Bein angehoben hat, denn nur dann kann es dem Druck weichen.

konzentriert und genau arbeiten. Jede Hilfe muß exakt dosiert werden und darf nichts von ihrer Wirkung einbüßen. Dies ist nur dann möglich, wenn die Rahmenbedingungen der reiterlichen Betätigung stimmen. Dazu gehört, daß man sich genügend Zeit für das Training nimmt und daß das Umfeld eine konzentrierte Arbeit von Reiter und Pferd zuläßt. Das Nervenkostüm des Pferdes wird erst mit zunehmendem Training gefestigt, so daß später auch dann gute Leistungen möglich werden, wenn die Umgebung keine ideale Atmosphäre für ein konzentriertes Training bietet. Dies ist beispielsweise auf dem Turnier der Fall oder einfach in fremder Umgebung. Ein junges und unerfahrenes Pferd kann dagegen schon Konzentrationsschwierigkeiten haben, wenn Kinder vor der Reithalle herumtollen oder andere Pferde auf der Koppel neben dem Reitplatz grasen.

Der Einsatz der Hilfen zur richtigen Zeit, aber auch am richtigen Ort sind weitere Aspekte, die zur Steigerung der Sensibilisierung beitragen. Nur ein entlastetes Bein kann einem Schenkeldruck weichen, wie auch nur ein entspannter Kopf-/Halsbereich einem Zügeldruck nachzugeben imstande ist. Außerdem ist die Druckstärke des Schenkels oder Zügels ausschlaggebend für sensible Reaktionen des Pferdes. Langsam »wachsende« Hilfen veranlassen das Pferd, immer früher zu reagieren und schließlich auf eine bloße Berührung zu weichen. Reagiert das Pferd auf eine Hilfe richtig, wird das Training durch eine schnelle und deutliche Belohnung noch effektiver. Sowohl die Strafe als auch die Belohnung müssen unmittelbar erfolgen. Dabei sollte die Strafe äußerst selten notwendig werden, während an Lob nicht gespart wird. Ist ein höheres Maß an Strafe erforderlich als etwa fünf Prozent der gesamten reiterlichen Reaktionen während einer Trainingseinheit und ist weniger Belohnung als 95 Prozent möglich, ist das Pferd überfordert und das Training somit falsch aufgebaut.

Nicht vergessen darf man die Bedeutung der Korrektur im Pferdetraining. Das gesamte Training besteht aus der Korrektur von Fehlern. Dabei kann die Fehlerkorrektur bis hin zur Strafe gesteigert werden, wenn es die Situation erfordert. Leider wird zu häufig gestraft statt korrigiert. Dies führt zu einer Ausbildung, die auf Zwangsmaßnahmen aufgebaut ist. Die Folge davon ist ein Pferd, das niemals freiwillig mitarbeiten wird und sicher nicht willig und sensibel auf die Reiterhilfen reagiert.

Die Sensibilisierung gegenüber den Hilfen setzt ein harmonisches Miteinander, gegenseitiges Verständnis und einfühlsames Handeln voraus. Das Pferd wird außerdem immer das Spiegelbild des Reiters darstellen. Wie der Reiter sein Pferd behandelt, so wird es auch reagieren. Deshalb ist nicht nur die richtige Technik, sondern auch das Gefühl für die korrekte Behandlungsweise und somit auch die Verfeinerung der Hilfen entscheidend.

Antraben und Angaloppieren aus dem Stand

Die Verfeinerung der Hilfengebung trägt nicht nur dazu bei, dem Reiter die »Arbeit« zu erleichtern und die Harmonie zwischen Reiter und Pferd zu festigen, sondern auch dazu, höherklassige Aufgaben ausführen zu können. Deutlich wird dies bei der Aufgabe, das Pferd aus dem Stand anzutraben oder anzugaloppieren.

Wie bereits im Kapitel über die Grundgangarten (siehe Seite 77) erläutert wurde, soll das Pferd nicht über das Beschleunigen dazu veranlaßt werden, in die nächsthöhere Gangart zu wechseln. Würde man einen Gangartenwechsel über die Regulierung der Geschwindigkeit herbeiführen, wäre es nicht möglich, den exakten Punkt zu bestimmen,

Die korrekte Stellung beim Angaloppieren ist wichtig, damit das Pferd spurtreu und ausbalanciert bleibt.

Die Gewichtsverlagerung auf die Hinterhand ist ein wichtiges Merkmal der Versammlung. Die Vorhand wird entlastet, die Hinterhand tritt stärker unter den Körper und entwickelt mehr Tragkraft. Das Pferd wölbt den Rücken auf, wobei es die Nasenlinie in die Senkrechte nimmt.

Das Geraderichten

Kein Pferd kann auf Anhieb versammelt werden, wenn ihm die Voraussetzungen hierfür fehlen. Vorzeitige Versammlungsversuche führen zu einem weggedrückten Rücken und zu Verspannungen, wobei das Gewicht keinesfalls auf die Hinterhand kommt, sondern vielmehr die Vorhand noch stärker belastet wird. Das Pferd muß also auf die Versammlung vorbereitet werden.

Werden die Voraussetzungen mißachtet, sind das Ergebnis durch Zügelzug »zusammengeschraubte« Pferde, die entweder gegen den Zügel gehen (der Reiter muß mit der Hand ständig gegenhalten) oder dem Zügelzug zu entgehen versuchen, indem sie sich aufrollen. Dabei entsteht der sogenannte »falsche Knick«: Der Hals knickt zwischen dem zweiten und dritten Halswirbel ab. Die »Hilfe« bleibt somit regelrecht »im Hals stecken«, die Wölbung des Halses kann sich nicht über den Rücken und die Kruppe fortsetzen.

Bei der Versammlung ist deshalb die Vorarbeit äußerst wichtig. Das Pferd muß gelernt haben, taktrein zu gehen, was bereits in der Grundausbildung beim Reiten der Grundgangarten beachtet werden muß. Ein weiterer Punkt ist das Lösen des Pferdes, das durch lockeres Reiten am losen Zügel erreicht werden kann. Das Pferd soll fleißig vorwärts gehen, ohne zu eilen. Es soll körperlich und mental ruhig bleiben, dabei

WAS VERSTEHT MAN UNTER VERSAMMLUNG?

Unter dem Begriff Versammlung versteht man die vermehrte Gewichtsverlagerung auf die Hinterhand. Die Vorhand wird hierdurch entlastet, und die Hinterhand entwickelt durch versammelnde Lektionen über die Schubkraft mehr Tragkraft. Die Gelenke der Hinterhand beugen sich, wobei sich die Kruppe absenkt. Gleichzeitig hebt das Pferd aufgrund der Vorhandentlastung die Schulter. Im klassischen Dressurreiten wünscht man sich eine zusätzliche Aufrichtung, die beim Westernreiten wegfällt. Die Versammlung – und damit die Schwerpunktverlagerung nach hinten – wird durch das Verkürzen des Pferdes unterstützt. Dies erreicht man unter anderem durch die gekonnte Zügeleinwirkung, die das Pferd dazu veranlaßt, im Genick abzukippen und die Nasenlinie in die Senkrechte zu bringen.

jedoch nicht faul und unwillig wirken. Das Abschnauben ist beispielsweise ein Zeichen dafür, daß das Pferd gelöst und locker ist.

Im Zuge der Grundausbildung muß das Pferd gehorsam und willig auf die Reiterhilfen reagieren. Dabei soll es dem Zügeldruck zunächst horizontal und schließlich vertikal folgen, aber auch dem Druck der Schenkel ohne Gegenwehr weichen. Anschließend muß der Schwung des Pferdes, die Hinterhandaktivität, entwickelt werden. Nach der Entspannung des Pferdes in den vorangegangenen lösenden Übungen kann die Hinterhand durch vermehrtes Treiben zu erhöhter Aktivität und zu stärkerem Untertreten animiert werden. Sind all diese Voraussetzungen erfüllt, läßt sich das

Die meisten Pferde laufen aufgrund ihrer natürlichen Schiefe nicht spurtreu. Die Anlehnung an die Bande forciert die Schiefe zusätzlich. Um das Pferd geradezurichten, spurt man es mit der Vorhand auf die Linie der Hinterhand ein.

SCHWIERIGE VERSAMMLUNGSARBEIT

Eine Reihe von Voraussetzungen muß erfüllt sein, bevor das Pferd in der Versammlung geritten werden kann. Dabei könnte man meinen, es sei relativ einfach, das Gewicht auf die Hinterhand zu verlagern, weil diese doch muskulöser und somit stärker ist. Trotzdem versucht das Pferd, sein Gewicht vorzugsweise auf die Vorhand zu schieben. Die Vorhand trägt von Natur aus zwei Drittel des gesamten Gewichts. Das Gewicht wird dabei überwiegend von Knochengerüst, Sehnen und Bändern aufgenommen. Sehnen und Bänder können im Gegensatz zu den Muskeln nicht ermüden. Die Hinterhand ist muskulöser, hier wird die Muskulatur zum Tragen herangezogen. Weil Muskeln ermüden, ist es anstrengender für das Pferd, das Gewicht auf der Hinterhand zu tragen. Darum ist es bestrebt, das Gewicht auf die Vorhand zu verlagern.

Die Muskulatur kann aber schneller aufgebaut und gefestigt werden als der Sehnen- und Bänderapparat. Darum und um Schäden an Bändern und Sehnen zu vermeiden, muß die Gewichtsaufnahme trotz vermehrter Anstrengung für das Pferd überwiegend durch die Hinterhand erfolgen.

Durchlässigkeit

Das Ziel jeder Reitpferdeausbildung ist die Durchlässigkeit. Darunter versteht man die leichte Handhabung eines Pferdes durch den Einsatz minimaler Hilfen aufgrund eines systematischen, gymnastizierenden Trainingsprogramms. Ein durchlässiges Pferd fühlt sich weich an, es ist gehorsam und reagiert willig und prompt auf die Hilfen des Reiters. Es ist geschmeidig und sensibel und stellt seine Kraft in den Dienst des Reiters. Obwohl es viel Vorarbeit erfordert, bis das Pferd durchlässig ist, lohnt sich die vorhergehende Anstrengung, weil der Reiter mit einem Pferd belohnt wird, das zu reiten Spaß macht.

Die dressurmäßige Ausbildung, die die Durchlässigkeit zum Ziel hat, ist deshalb nicht nur für den anspruchsvollen Westernreiter mit Turnierambitionen sinnvoll, sondern auch für den »nur« im Gelände reitenden Freizeitreiter. Die Früchte der Arbeit kann man beim Geländereiten ebenso ernten wie in der Turnierarena, weil ein durchlässiges Pferd jedem Reiter Vorteile bringt. Durch die Sensibilität gegenüber den Hilfen, die Gehorsamkeit und körperliche Geschmeidigkeit ist das Tier nicht nur zuverlässig und somit sicher, sondern auch weich im Gang und fein in seinen Reaktionen.

Die Basis perfektionieren und ausbauen

Es ist weder für das Pferd noch für den Reiter interessant, immer dieselben Lektionen zu üben. Deshalb muß man Abwechslung ins Trainingsprogramm bringen. Es ist nicht immer einfach, die gesamte Trainingspalette vor Augen zu haben und während der Zeit im Sattel kurzerhand sinnvoll zu variieren. Das tägliche Training sollte sich auf bestimmte Schwerpunkte beschränken, damit Fortschritte erzielt werden können, andererseits sollte es nicht langweilig sein und zu häufige Wiederholungen beinhalten. Deshalb bieten sich Erweiterungen von Übungsaufgaben sowie Kombinationen zwischen verschiedenen Trainingselementen an.

Erweiterte Übungen

Es ist bereits eine große Herausforderung, die Basisübungen der vorangegangenen Kapitel in allen drei Grundgangarten auszuführen. In der Regel beginnt man mit jeder Lektion im Schritt. So werden Volten, Zirkel, Schlangenlinien und Wendungen geritten. Eine Volte im Schritt ist relativ einfach, im Trab wird sie bereits schwieriger, und im Galopp stellt sie schon eine enorme Herausforderung dar. Je höher die Gangart, desto schneller, effektiver und gezielter müssen die Hilfen eingesetzt werden, damit die Ausführung korrekt erfolgen kann. Es ist für ein Pferd schwieriger, sich in höherer Geschwindigkeit zu biegen. Dies ist der Grund dafür, daß beispielsweise die Schrittvolte problemlos und sauber geritten werden kann, das Pferd im Galopp jedoch über die Schulter ausbricht oder in den Trab zurückfällt.

Der Schwierigkeitsgrad erhöht sich mit zunehmender Geschwindigkeit und in höherer Gangart auch beim Reiten von Schlangenlinien ganz erheblich. Das gezielte Umstellen des Pferdes von der Links- in die Rechtsbiegung ist nur bei einem bereits gut durchgymnastizierten Tier problemlos möglich. Die Gangart Galopp verlangt außerdem den Wechsel der Galoppart, der zunächst einfach erfolgen soll – das heißt, daß das Pferd in den Trab oder Schritt durchpariert wird, bevor der Galopp auf der anderen Hand aufgenommen wird.

Zur Erweiterung von Trainingslektionen gehört beispielsweise auch der Ausbau der Hinterhandwendung. Sie kann zu einer ganzen Drehung oder zu mehreren Drehungen erweitert werden, wobei zusätzlich die Geschwindigkeit gesteigert werden kann. Bevor man Übungen erweitert, darf man aber nicht vergessen, daß die Korrektheit der Ausführung vor jeglicher Erweiterung (Steigerung der Geschwindigkeit,

Der Spin sollte nicht aus der Hinterhandwendung, sondern aus kleinen Trabzirkeln heraus entwickelt werden.

ENTWICKLUNG DES SPIN

Es ist nicht ratsam, den Spin aus der Hinterhandwendung zu entwickeln. Vielen Pferden wird die Hinterhandwendung aus der Rückwärtsbewegung beigebracht, um die Hinterhand stationär zu halten und sie dazu zu animieren, mehr Gewicht aufzunehmen. Damit geht die Vorwärtsbewegung verloren, und die Drehungen büßen an Schwung ein – selbst wenn im weiterführenden Training die Geschwindigkeit und die Anzahl der Drehungen erhöht werden können. Die Hinterhandwendung und deren Erweiterungen sind dennoch wertvolle Lektionen, um die Hinterhand zu stärken, die Abstimmung zwischen Reiter und Pferd zu koordinieren sowie das Pferd zu gymnastizieren.

Wer Reining-Ambitionen hat, entwickelt den Spin besser aus kleinen Trabzirkeln heraus, die immer enger werden, bis die Hinterhand stationär bleibt und der Vorwärtsschwung in die Seitwärtsbewegung der Vorhand übergehen kann.

Gangartenwechsel und so weiter) Vorrang hat.

Jede Trainingslektion kann durch die Erhöhung des Schwierigkeitsgrades erweitert werden. Das Forcieren der Geschwindigkeit, die zeitlich längere Durchführung, ein höherer Versammlungsgrad, stärkeres Untertreten, bessere Biegung oder extremere Seitwärtsbewegungen machen die Basisarbeit insgesamt anspruchsvoller. Von Basisarbeit kann man im Grunde wegen des hohen Schwierigkeitsgrades schon nicht mehr sprechen, die erweiterten Lektionen können vielmehr bereits dem Aufbautraining zugeordnet werden.

Kombinierte Lektionen

Vorausgesetzt, daß die einzelnen Basislektionen in Perfektion beherrscht werden, können nun auch bestimmte Übungsteile kombiniert werden und so zu einem flüssigen und abwechslungsreichen Training beitragen. Eine kombinierte Übung – die Wendung zur Bande – wurde schon im Abschnitt »Direkte Stellung und Biegung« näher beschrieben (siehe Seite 107). Sie wird aus der Auswärtsstellung entwickelt, der sich eine enge Wendung anschließt. Es können aber auch andere Trainingselemente miteinander verknüpft werden. In viele Übungen können beispielsweise Volten eingeflochten werden, die auch als Ausgangspunkte für bestimmte Lektionen gelten können. Die Stellung und Biegung des Pferdes in der Volte kann so für Traverslektionen, Schenkelweichen oder andere Seitwärtslektionen genutzt werden. Durch die Übung Zirkel verkleinern beziehungsweise vergrößern kann von der Volte ausgegangen oder zu ihr zurückgekehrt werden.

Dem konsequenten Anhalten kann eine Rückwärtsbewegung folgen. Die beiden Übungsteile sollten so kombiniert werden, daß die Lektion in einem Bewegungsablauf erfolgt. Dies bringt trainingstechnisch große Vorteile mit sich, weil die untergeschobene Hinterhand beim Stop eine hervorragende Ausgangsposition für die Rückwärtsbewegung darstellt. An die Rückwärtsbewegung kann eine Hinterhandwendung angeschlossen werden. Um den Bewegungsfluß zu erhalten, baut man die Aufgabe gleich zum *Roll back* aus, bei dem aus der Drehbewegung heraus angaloppiert wird. Zu Beginn genügt es, wenn sich das Pferd kräftig mit der Hinterhand abstößt und im Trab aus der Wendung kommt. Die Reithallenbande unterstützt anfangs – wie bei der Wendung zur Bande – die korrekte Ausführung.

Probleme und Wege zur Lösung

Das Auftreten von Problemen während der Ausbildung und des weiterführenden Trainings ist kaum auszuschließen. Solche Schwierigkeiten können zu einem nachhaltigen Mißverhältnis zwischen Reiter und Pferd führen, wenn man nicht in der Lage ist, entsprechende Korrekturmaßnahmen zu ergreifen. Vorweg muß gesagt werden, daß die meisten Probleme und Unstimmigkeiten vom Reiter ausgehen. In den seltensten Fällen ist das Pferd schuld an der Misere. Diese Tatsache wird um so einleuchtender, wenn man sich bewußt ist, daß das Pferd lediglich auf die Aktionen des Reiters (Hilfengebung, Umgang, allgemeine Aktivitäten) reagiert. Falsche Einwirkungen lösen logischerweise unerwünschte Reaktionen aus.

Wenn eine Übung nicht funktionieren will, sollte man den Fehler deshalb zunächst bei sich selbst suchen. Die Korrektur durch einen Trainer kann notwendig werden, weil man den Fehler in der Regel nur äußerst selten selbst aufdecken kann. Fehler in der Hilfengebung, im Sitz oder im allgemeinen Umgang schleichen sich langsam und unbemerkt ein. Dem Reiter ist dies nicht bewußt, sonst würde er den Fehler erst gar nicht zulassen. Er erkennt lediglich die Auswirkung, nämlich daß eine Übung nicht funktioniert, das Pferd sich widersetzt oder andere Unstimmigkeiten festzustellen sind.

Die Vielfalt der möglichen Fehler ist so enorm groß, daß niemals alle erläutert und abschließend beurteilt werden können. Da jedes Pferd ein Individuum ist und kein Reiter exakt die gleichen Hilfen gibt wie ein anderer, weil sich bei beiden sowohl Charakter, Gefühl und mentaler Typ als auch körperliche Voraussetzungen teils extrem voneinander unterscheiden, ist eine konkrete Fehleranalyse nur vor Ort auf jedes Pferd-Reiter-Paar abgestimmt möglich. In der Theorie können nur Tendenzen aufgezeigt werden, nach denen man davon ausgehen kann, daß der Reiter fast immer der Auslöser von Problemen ist – und nicht, wie häufig angenommen, das Pferd.

Ein guter Reiter sucht den Fehler also bei sich und ist bemüht, ihn möglichst schnell und sorgfältig zu korrigieren. Das Ergebnis sind zufriedene, leistungsbereite Pferde sowie einfühlsame und somit bessere Reiter.

Spezialtraining für Westernpferde

Nicht nur Disziplin, Zuverlässigkeit und Ruhe zeichnen ein gut ausgebildetes Westernpferd aus, sondern auch Vielseitigkeit und Mut.

zumindest Druck ausübenden) Reiter. Die Handlungen erfolgen unter Druck und lösen Angst oder gar Panik aus. Auf diese Weise ist kein vorsichtiges Überqueren einer Brücke, Plane oder Wasserstelle möglich.

Damit die einmal erarbeitete Aufmerksamkeit nicht nachläßt, sollte man dem Tier das Überqueren des Hindernisses nur dann gestatten, wenn es diesem gegenüber aufmerksam ist. Dies ist dann der Fall, wenn es mit tiefem Kopf auf die Brücke, Plane oder das Wasser herabsieht und dabei langsam und vorsichtig vorwärts schreitet. Wenn das Pferd eilt, durch andere Begebenheiten abgelenkt ist oder gleichgültig auf das Hindernis zuläuft, sollte man es unbedingt vor dem Hindernis abstoppen und das Überreiten nicht gestatten.

Wenn sich das Pferd aus Unaufmerksamkeit oder Gleichgültigkeit an einem Hindernis verletzt, vielleicht aber auch nur ausrutscht oder unsicher wird, kann das Vertrauensverhältnis zwischen Reiter und Pferd gestört werden. Möglicherweise wird das Tier das Hindernis beim nächstenmal verweigern. Das Pferd muß sich darauf verlassen können, daß der Reiter es nur über Hindernisse schickt, die verletzungssicher sind. Dies ist abgesehen von der Bauart des Hindernisses und der Örtlichkeit nur dann gewährleistet, wenn das Pferd aufmerksam und vorsichtig an das Hindernis herangeht.

Ausführlichere Informationen und Tips über das Bewältigen von Hindernissen sowohl im Gelände als auch auf dem Turnierplatz bietet das Buch *Modernes Trail-Training**.

Durchreiten von Toren und Schranken

Beim Durchreiten eines Tores wird die Rittigkeit des Pferdes unter Beweis gestellt. Beabsichtigt der Reiter, vom Sattel aus ein Gatter zu öffnen, hindurchzureiten und es wieder zu schließen, muß es ihm möglich sein, jeden Schritt seines Tieres exakt zu kontrollieren. Der Torflügel sollte beim Durchreiten nicht losgelassen werden, weil er sonst gegen das Pferd schlagen oder anderswo anstoßen könnte. Das Tier würde wahrscheinlich erschrecken und wegspringen.

Zum einen muß das Pferd lernen, nahe am Tor ruhig stehenzubleiben, zum anderen muß es sich gegen das Hindernis treiben lassen. Um dies zu bewerkstelligen, ist es am besten, den Torflügel beim Durchreiten des Tors stets vor sich herzuschieben. (Die meisten Pferde weichen sofort zurück, wenn man das Gatter zu sich herzieht. So kann das Tor nicht sicher durchritten werden.) Im Laufe der Zeit wird das Pferd lernen, daß der Torflügel nachgibt, wenn es auf ihn zutritt. Anfangs kann man einen Helfer bitten, den Torflügel etwa einen halben Meter vom Pferd entfernt zu halten, da sich viele Pferde zunächst weigern, gegen das Hindernis zu gehen.

Das Pferd muß schrittweise seitwärts, vorwärts und rückwärts dirigiert werden können, um das Tor sicher zu durchreiten. Vorteilhaft sind auch kombinierte Bewegungen seitwärts-vorwärts oder auch seitwärts-

* Renate Ettl, *Modernes Trail-Training*, im Müller Rüschlikon Verlag in der Reihe »Westernreiten« erschienen

Das Durchreiten von Schranken ist eine anspruchsvolle Aufgabe für Pferde, die bereits gut an den Hilfen stehen.

rückwärts. Wichtig ist, daß der Reiter jeden Schritt einzeln fordern und kontrollieren kann, damit die Übung perfekt funktioniert.

Auch Schranken kann man zu einem neuen Aufgabengebiet erklären, wenn das Pferd bereits gut an den Hilfen steht. Der Reiter muß jedoch sicher sein, daß er seinen Vierbeiner entsprechend unter Kontrolle hat, denn Schranken sind gefährlicher zu durchreiten als Tore. Eine Schranke muß man anheben und unter ihr hindurchreiten. Springt das Pferd unvermittelt weg, könnte der Reiter eventuell an der Schranke hängenbleiben, oder die

Das Ground tying ist eine sehr nützliche Gehorsamsübung.

sätzlich abzuraten, weil manche Pferde beim Fesseln der Vorderbeine in Panik geraten und sich dann möglicherweise verletzen könnten. Das Hobbeltraining mag für bestimmte Situationen in der Gebrauchsreiterei sinnvoll sein, für den modernen Westernreiter ist es jedoch überflüssig, so daß man gut darauf verzichten kann.

Verladetraining

Das Verladen in einen Pferdetransporter gehört zum alltäglichen Umgang und sollte deshalb ohne Probleme vonstatten gehen können. Diese Aufgabe ist zwar keine typische Übung für Westernpferde, doch es sollte für den Westernreiter selbstverständlich sein, daß sein Kamerad ohne zu zögern, willig, vertrauensvoll und sicher in den Hänger steigt. Der »gute Charakter« von Westernpferden hat bewiesenermaßen nichts mit der Rasse des Pferdes zu tun, sondern beruht auf einer fundierten Ausbildung nicht nur beim Reiten, sondern auch im Umgang mit dem Pferd. Deshalb legt man als Westernreiter großen Wert darauf, daß alltägliche Dinge mit Disziplin, gegenseitigem Vertrauen und Souveränität ablaufen. Das Verladetraining gehört dazu.

Es gibt grob gesehen zwei mögliche Gründe dafür, daß ein Pferd nicht in den Hänger gehen will: Entweder hat es Angst davor, oder es will nicht. Welche der beiden Möglichkeiten in Betracht kommt, muß der Reiter herausfinden. Nur dann kann er gezielt und korrekt auf das Pferd einwirken, um das Problem zu lösen.

Beim Verladen darf man niemals das Vertrauen des Pferdes aufs Spiel setzen.

An diesem Punkt scheitern die meisten Pferdebesitzer, denn sie können nicht beurteilen, was der Grund für das Verweigern ist. Dies gilt übrigens auch für sämtliche Arten von Hindernissen – ob Plane, Brücke oder Tor. Der scheinbar einfachste Weg ist es, das Pferd entsprechend unter Druck zu setzen, es also zu zwingen. Dabei fallen den Leuten die tollsten Sachen ein – von der Longe, die links und rechts am Pferdehänger befestigt und langsam hinter dem Pferd überkreuzt und »zugezogen« wird, über das Verprügeln mit der Gerte bis hin zu einer Flaschenzugkonstruktion, um das Tier regelrecht in den Hänger hineinzuziehen. Dies alles sind Zwangsmaßnahmen, auf die man schon um des Vertrauens willen möglichst verzichten sollte.

Bei einem Pferd, das einfach nicht will und seinen Kopf durchsetzen möchte, führt beruhigendes Zureden und sanftes Auffordern sicherlich nicht zum Erfolg. Das Tier würde innerlich darüber lachen und bestimmt nicht in den Hänger steigen. Hier ist ein gewisser Druck durchaus angebracht und notwendig. Man fordert konsequent die Aufmerksamkeit des Pferdes und lobt jede Vorwärtsbewegung auf den Hänger zu, während man dem Pferd das Ausweichen, Rückwärtsgehen oder Abwenden unbequem macht. Das kann durch unangenehme Rucke am Führzügel (gegebenenfalls mit eingeschnallter Kette) geschehen oder auch durch einen Klaps mit der Gerte. Welche Maßnahmen bei einem sturen, unwilligen Pferd im Detail erforderlich sind, hängt von vielen Faktoren ab – unter anderem vom allgemeinen Charakter des Pferdes, von den vorangegangenen Erlebnissen sowie von einer eventuellen Fehlbehandlung durch den Pferdebesitzer. Wie schon erwähnt, können viele Pferdebesitzer ihr Tier nicht richtig einschätzen und sind deshalb zu sanft oder zu grob. Es ist in diesem Fall immer ratsam, einen professionellen Pferdemenschen hinzuzuziehen, der durch seine Erfahrung und sein Gefühl besser erkennen kann, was im Kopf des Pferdes vorgeht.

Bei sturen und unwilligen Pferden muß man unter Umständen auch mal fester hinlangen. Da es sich um einen Machtkampf handelt, schadet ihnen diese Behandlung psychisch nicht. Der Pferdebesitzer kann also einiges ausprobieren. Wenn es nicht funktioniert, wird die Sturheit vielleicht gefestigt, aber dem Pferd geht's dabei gar nicht mal schlecht. Schließlich kann es sich gegen seinen Menschen durchsetzen.

Anders sieht es bei ängstlichen Pferden aus. Ihre Psyche leidet sehr unter einer verständnislosen Behandlung, übrig bleibt ein nervliches Wrack. Ein Pferd, das Angst vor dem Hänger hat, darf man niemals mit Zwang verladen. Jegliche Longen, Peitschen und sogar die »schiebende« Hand an der Kruppe des Pferdes sind zuviel Druck: Das Pferd rastet aus und wird immer schwieriger zu verladen sein.

Wie gesagt: Oftmals ist es nicht immer sofort ersichtlich, ob ein Pferd aus Angst oder Unwillen das Betreten des Hängers verweigert. Im extremen Fall sind aufgerissene Augen, eine hohe Kopfhaltung, nervöses Schnauben oder zitternde Flanken nicht zu übersehen. Doch nicht immer treten diese Symptome auf und verraten dadurch die Angst des Pferdes. Bevor man also Druck aufbaut, sollte man sich über die psychische Verfassung des Pferdes im klaren sein.

Bei ängstlichen Pferden muß man viel Geduld aufbringen. Das Verladen kann anfangs mehrere Stunden in Anspruch nehmen. Man gibt dem Pferd die nötige Zeit, um sich zu überwinden, dem Willen des Menschen zu folgen. Solange sich das Pferd mit dem Hänger beschäftigt (zum Beispiel durch Beschnuppern), läßt man das Tier vollkommen in Ruhe. Sind seine Gedanken aber woanders, fordert man es auf, seine Aufmerksamkeit wieder auf den Hänger zu richten. Hat sich das Pferd sichtlich beruhigt, kann man es zu einem Schritt auf die Laderampe auffordern. Folgt es der Aufforderung, ist viel Lob angebracht. Man sollte nun aber mit diesem einen Schritt zunächst zufrieden sein und dem Pferd eine Pause gönnen.

Das Verladen von ängstlichen Pferden ist ein Geduldsspiel. Doch das gewonnene Vertrauen hilft bei jedem weiteren Verladetraining. Nach einer gewissen Zeitspanne – die bei jedem Pferd unterschiedlich ist – lassen sich die Pferde ohne Widerstand und Zögern in den Transporter verladen.

Das Verladen sollte möglichst allein durchgeführt werden. Viele Helfer setzen das Pferd oft zu stark unter Druck und beschwören sogar häufig erst recht Widersetzlichkeiten herauf. Außerdem kann auch einmal der Fall eintreten, in dem man vollkommen auf sich alleine gestellt ist und das Pferd verladen

Rückwärtsgehen zulassen!

Bei ängstlichen Pferden ist man froh, wenn man mit ihnen einen Schritt vorwärtsgekommen ist. Die Vorderbeine auf der Verladerampe sind oftmals schon ein Erfolg. In diesem Stadium oder in einer schon fortgeschrittenen Phase, wenn das Pferd nur noch die Hinterbeine auf der Rampe stehen hat und mit der Vorhand schon im Hänger steht, wird vielen Pferden der Druck zu groß, und sie wollen rückwärts den Transporter wieder verlassen.
Die rückwärtige Flucht aus dem Hänger beziehungsweise von der Rampe sollte man niemals zu verhindern versuchen! Es ist sehr wichtig, daß man das Pferd rückwärts weichen läßt, um ihm zu vermitteln, daß es jederzeit wieder weg kann. Hat man den Weg auf die Rampe oder halb in den Transporter geschafft, wird das Pferd ihn auch ein zweites und drittes Mal gehen. Also ruhig nochmals von vorne beginnen! Das Pferd faßt auf diese Weise Vertrauen und wird die Aufgabe bei jedem Versuch mutiger anpacken.

muß. Schon aus diesem Grund ist es sinnvoll, das Verladen des Pferdes alleine zu üben, damit es im Ernstfall reibungslos funktioniert.

Turnierbezogenes Aufbautraining

Die Turnierreiterei hat sich mittlerweile stark zum Selbstzweck entwickelt. Somit werden Fähigkeiten verlangt, die mit der ursprünglichen Gebrauchsreiterei nur noch wenig oder gar nichts mehr zu tun haben. Für den Geländereiter ist das Training derartiger Aufgaben nicht unbedingt notwendig, doch es fördert die Vielseitigkeit des Westernpferdes.

Das *Neck reining*

Auf dem Turnier müssen Seniorpferde (Pferde ab einem Alter von fünf Jahren) einhändig vorgestellt werden. Trensengebisse sind bei einhändiger Zügelführung nicht mehr erlaubt, es müssen Stangengebisse (Gebisse mit Hebelwirkung) verwendet werden. Bei ungebrochenen Stangengebissen *(Bits)* ist zum einen durch deren Wirkungsweise eine beidhändige Zügelführung nicht sinnvoll. Zum anderen hat man die einhändige Zügelführung von den Cowboys übernommen, die eine Hand frei haben mußten, um damit verschiedene Arbeiten wie etwa das Werfen des Lassos verrichten zu können.

Um ein Pferd mit nur einer Hand steuern zu können, muß das Tier auf den Druck des am Pferdehals anliegenden, äußeren Zügels weichen. Werden beide Zügel in einer Hand gehalten, ist es nicht mehr möglich, einen Zug auf den direkten Zügel auszuüben, ohne daß gleichzeitig auch der andere Zügel angenommen wird. Damit

Der äußere Zügel übt beim Neck reining Druck auf den Hals aus. Daraufhin wendet das Pferd seinen Kopf nach innen.

Die zu Trainingszwecken übliche einhändige Zügelführung, die häufig auch im Gelände angewendet wird.

DIE DIREKTE ZÜGELHILFE IST UNVERZICHTBAR

Der direkte Zügel wird auch beim hochklassigen Turnierpferd niemals durch den indirekten Neck-rein-Zügel ersetzbar sein. Die direkte Zügelhilfe ist unverzichtbar, weil dem Reiter damit die Möglichkeit gegeben wird, exakte Hilfen zu geben und den Pferdekopf korrekt zu stellen.

das Westernpferd auf Druck des Zügels am Hals reagiert, muß es sehr sensibel auf die Hilfen ansprechen. Um dem Pferd das *Neck reining* beizubringen, nimmt man den direkten Zügel wie gewohnt an, um dem Pferd die gewünschte Richtung zu weisen. (Der vierbeinige Partner ist in diesem Stadium noch auf Trense gezäumt.) Gleichzeitig wird der äußere Zügel an den Pferdehals gelegt, wobei man aber dringend darauf achten muß, daß auf der Außenseite kein Zug im Pferdemaul erzeugt wird. Im weiterführenden Training beginnt man, zuerst den äußeren Zügel anzulegen, bevor der direkte Zügel zum Einsatz kommt. Im Laufe der Zeit wird das Pferd schon auf das Anlegen des indirekten Zügels am Pferdehals reagieren und dem Einsatz des direkten Zügels durch den Reiter zuvorkommen.

Der Zeitpunkt, ab dem einhändig geritten und somit auch zum *Bit* gewechselt werden kann, ist gekommen, wenn das Pferd sicher auf das Anlegen des äußeren Zügels reagiert. Spricht das Westernpferd nicht sensibel genug auf den Zügeldruck an, wird man schnell dazu verleitet, Zug auf den äußeren Zügel zu bringen, um den Druck zu verstärken. Dies ist wohl der häufigste Fehler, der beim *Neck reining* gemacht wird, denn damit ergibt sich ein Zug im äußeren Maulwinkel. Das Pferd verwirft sich im Genick, der Kopf wird in die entgegengesetzte Richtung gestellt, und das Tier fällt über die innere Schulter. Der Reiter bringt das Pferd damit aus dem Gleichgewicht, stört es gewaltig im Maul und erreicht sein Ziel dennoch nicht.

Jeder professionelle Pferdetrainer arbeitet mit beidhändiger, direkter Zügelführung, weil er damit besser in der Lage ist, das Pferd korrekt zu stellen und genaue Hilfen zu geben. Nur auf dem Turnier wird das Pferd dann einhändig vorgestellt.

Wenn man einhändig reiten will, sollte man dies nur über einen kurzen Zeitraum praktizieren und auf eine korrekte Zügelführung achten. Die Zügelhand darf keinen großen Bewegungsradius haben, damit aus einem Zügeldruck am Hals kein Zug auf der äußeren Maulseite wird. Ein Aktionsradius der Zügelhand von jeweils höchstens zehn Zentimetern seitlich des Mähnenkamms ist beim *Neck reining* zulässig.

Stoppen aus jeder Gangart

Das abrupte Anhalten aus jeder Gangart und Geschwindigkeit kann in Notsituationen sehr hilfreich sein. Es erhöht die Kontrollmöglichkeiten über das Pferd und kann somit helfen, Unfälle zu vermeiden. Ganz abgesehen davon ist der Stop aus dem Galopp ein Manöver, das in vielen Westerndisziplinen gefordert ist. Besonders in der Reining wird der Stop aus dem Galopp zu einem ästhetischen und spektakulären Manöver weiterentwickelt, dem *Sliding stop*.

Das geländegerittene oder in anderen Disziplinen vorgestellte Pferd muß den *Sliding stop* nicht erlernen. Ein guter *Sliding stop* ist außerdem nur auf geeignetem Boden und mit entsprechendem Beschlag möglich. Im Gelände kann ein *Sliding*-Beschlag unter Umständen sogar gefährlich werden, genauso der Stop auf ungeeignetem, rutschigem oder »klebendem« Boden. Der *Sliding stop* sollte also den auf die Disziplin Reining spezialisierten Reitern und Pferden vorbehalten bleiben.

Beim effektiven Stop aus dem Galopp *slidet* das Pferd nur minimal. Die Länge und Ästhetik des Stops ist für die Reiningdisziplin wichtig, nicht aber für den »Hausgebrauch«. Wichtig ist, daß das Pferd möglichst schnell zum Halt durchpariert werden kann. Dies soll jedoch in einer Form geschehen, die dem Bewegungsapparat des Pferdes nicht schadet und den Reiter nicht aus dem Sattel katapultiert. Somit muß der Stop stets auf der Hinterhand erfolgen.

Bevor der Stop aus dem Galopp trainiert wird, sollte das Pferd ihn aus dem Schritt und aus dem Trab beherrschen. Das Anhalten aus dem Trab erfolgt auf die gleiche Weise wie das Durchparieren aus dem Schritt, das das Pferd schon in der Grundausbildung gelernt hat (siehe

Seite 80 ff.). Man muß bedenken, daß das Anhalten aus einer höheren Geschwindigkeit auch einen größeren Bremsweg zur Folge hat. Das Pferd muß also Zeit bekommen, um die Forderung auszuführen. Es ist nicht fair, das Pferd mit einem harten Zügelzug zu strafen, wenn es anfangs nur zögerlich verlangsamt und in den Schritt fällt, statt anzuhalten. Mit zunehmendem Training sollte das Pferd aber schneller und effektiver reagieren. Auf das langgezogene stimmliche Kommando »Whoa«, das tiefe Einsitzen im Sattel und Anheben der Zügelhand sollte das Pferd deutlich abbremsen. Der Zügelkontakt zum Pferdemaul wird nur hergestellt, wenn das Pferd nicht gehorsam abstoppt oder zu wenig Einsatz zeigt. Es ist vorteilhaft, den Stop mit ein paar Schritten rückwärts abzuschließen. Damit kommt das Pferd stärker auf die Hinterhand und stoppt effektiver. Für den späteren *Sliding stop* der Reiningreiter ist das Rückwärtsrichten ebenfalls sehr wichtig, weil das Pferd das Kommando »Whoa« mit dem *Back up*-Manöver in Verbindung bringt und quasi »rückwärts denkt«.

Für ein Trail- oder Horsemanship-Pferd genügt es, daß es konsequent und sauber abstoppt. Dazu gehört insbesondere der Einsatz der Hinterhand. Vorhandlastige Stops und das »Hineinspringen« in den Stop mit allen vier Beinen belastet den Bänder-, Sehnen- und Knochenapparat sehr stark. Deshalb sollte man auf einen »weichen« Stop Wert legen, wobei das Pferd aus der Bewegung fließend in den Stop geht und daraus wiederum ohne Unterbrechung in die Rückwärtsbewegung. Der Betrachter sollte den Eindruck bekommen, als liefe das Pferd gegen eine Gummiwand. Dies ist am besten aus dem Trab trainierbar. Später wird das Pferd auch aus dem Galopp weich, aber konsequent abstoppen.

Jog und Lope fürs Pleasure-Reiten

Stark verkürzte Gänge im Trab und im Galopp sind typisch für die Westernreitweise. Der Westernreiter möchte möglichst bequem im Sattel sitzen und dabei ohne viel Anstrengung lange Strecken hinter sich bringen. Der verkürzte Trab (Jog) und der verkürzte Galopp (Lope) haben sich aus diesem Wunsch heraus entwickelt. Schon der Cowboy bevorzugte deshalb Pferde mit flachen, weich zu sitzenden Gängen.

Ob ein Pferd einen angenehmen Jog oder Lope gehen kann, hängt nicht unbedingt nur davon ab, ob es von Natur aus harte oder weiche Gänge hat. Das richtige Training spielt hierbei die entscheidende Rolle. Es ist der falsche Weg, wenn man versucht, das Pferd lediglich mit dem Zügel zu bremsen und auf diese Weise zu verlangsamen. Die große Gefahr dabei ist, daß das Westernpferd vorhandlastig wird. Die Hinterhand muß stets eingesetzt werden, um das Pferd vor Verschleißerscheinungen in der Vorhand zu schützen.

Wie so oft führen auch hier mehrere Wege zum Ziel: Man kann den Jog und den Lope mit verschiedenen Methoden trainieren. Eine davon ist, das Pferd behutsam anzutraben und sofort durchzuparieren und rückwärtszurichten, wenn es zu schnell und der Gang zu hart werden sollte.

Harmonie zwischen Reiter und Pferd ist nur möglich, wenn die Basis stimmt.

DIE ROLLE DES EXTERIEURS

Um sich beste Voraussetzungen für die Ausbildung eines Pleasurepferdes mit angenehm weichen Gängen zu schaffen, sollte man sich nach einem Pferd umsehen, das schon vom Gebäude her dazu in der Lage ist, den Reiter weich sitzen zu lassen. Dafür ist in erster Linie die Winkelung der Schulter- und Hüftpartie entscheidend. Je flacher die Schulter- beziehungsweise Hüftwinkelung ist, desto weicher sind die Gänge des Pferdes. Da die Schulter- und Hüftwinkelung mit dem Fesselstand des Pferdes identisch sein sollte, kann man auch den Fesselstand der ersten Beurteilung zugrunde legen. Aber Vorsicht: Pferde mit allzu weichen Fesseln neigen zu verfrühtem Verschleiß der Sehnen und Bänder (in erster Linie der tiefen Beugesehne). Dafür wird bei den steil gefesselten Pferden der Knochenapparat stärker belastet.

Das Rückwärtsrichten soll das Pferd dazu bringen, die Hinterhand aktiv zu halten.

Eine empfehlenswertere Methode besteht darin, das Pferd über die Versammlung in die verkürzten Gänge zu bekommen. Selbstverständlich muß das Westernpferd zunächst alle entsprechenden Basisübungen beherrschen. Es muß ausbalanciert sein und gelernt haben, alle Manöver mit viel Hinterhandaktivität auszuführen. Die Versammlungsarbeit in Verbindung mit der Geschwindigkeitskontrolle bringt schließlich einen taktreinen und entspannten Jog und Lope hervor.

Die Entspannung und Losgelassenheit des Pferdes ist beim Training der verkürzten Gänge äußerst wichtig, denn Verspannungen und Balanceschwierigkeiten führen zu weggedrückten Rücken und damit hart stoßenden Gängen. Nur ein rittiges Pferd kann sowohl den korrekt ausgeführten Jog als auch den Lope anbieten. Dabei muß der Reiter im Sattel deutlich spüren, wie das Pferd den Rücken aufwölbt, die Nase hereinnimmt und die Hinterhand unterschiebt. Damit muß die »natürliche Selbsthaltung« nicht unbedingt verlorengehen. Je nach Exterieur ist eine mehr oder weniger starke Versammlung des Pferdes notwendig, um die Hinterhand aktiv zu halten. Viele für die Westernreitweise gut geeigneten Pferde sind durchaus in der Lage, die verkürzten Gänge in natürlicher Selbsthaltung anzubieten. Der Reiter darf aber nicht vergessen, daß die Manöver stets aus der Hinterhand kommen müssen.

Die Trainingsweise orientiert sich deshalb auch am Exterieur und am Charakter des jeweiligen Pferdes. Dies gilt grundsätzlich für alle Aufgaben und Lektionen. Der Trainingsweg kann und muß sogar manchmal unterschiedlich sein, doch das Ziel ist immer dasselbe: die harmonische Zusammenarbeit zwischen Reiter und Pferd, die erst erreicht werden kann, wenn alle Voraussetzungen gegeben sind – sprich, wenn das Basistraining erfolgreich absolviert wurde.

Die Autorin

Renate Ettl ist freie Journalistin, Schriftstellerin und Fotografin. Sie arbeitet für verschiedene Tageszeitungen und Pferdefachzeitschriften. Die Autorin machte sich als Westerntrainerin für Pferde und Reiter, vor allem aber durch ihre eigenen Erfolge bei Westernturnieren einen Namen. Sie hat mehrere Bücher veröffentlicht (im Müller Rüschlikon Verlag in der Reihe *Westernreiten* bereits erschienen: »Modernes Trail-Training«, »Western-Training für Umsteiger« und »Cutting – Mit Rindern arbeiten«). Renate Ettl lebt mit ihrem Mann und ihren Pferden in Bayern.

Adressen

Deutschland:

ApHCG/Appaloosa Horse Club
Ortstraße 19
D-89356 Hafenhofen
Tel.: 0 82 22/70 14

DQHA/Deutsche Quarter Horse Association
Landstraße 7
D-63939 Wörth/Main
Tel.: 0 93 72/50 31

ETCD/Erster Trekking Club Deutschlands e. V.
Im Seeteich 3
D-74423 Obersontheim
Tel.: 0 79 73/1 61 04

EWU/ErsteWesternreiter Union
Wallenbrückerstraße 24
D-49328 Melle
Tel.: 0 52 26/1 76 06

Schweiz:

Appaloosa Horse Club Schweiz
Frau Yvette Meyer
Dorfstraße 19
CH-4705 Walliswil/Niederbipp
Tel.: 032/6 31 25 91

SQHA/Swiss Quarter Horse Association e. V.
Frau Irene Stocker
Eulenbachstraße 5
CH-8832 Wilen
Tel.: 01/7 84 48 01

SWRA/Swiss Western Riding Association
Emil Hegetschweiler
Wikinger Ranch
CH-8919 Rottenschwil
Tel.: 056/6 34 15 37

Österreich:

Austrian Western Riding & Breeding Association
Gerda und Heinz Langer
Hauptstraße 40
A-2392 Sulz
Tel.: 0 22 38/84 84

Sachregister